2판

고급한국음식

고급 한국음식

2판

한식세계화 코스 및 응용상차림

한식조리산업기사·기능장 대비 상차림

홍진숙, 박혜원, 박란숙, 명춘옥, 신미혜, 최은정
윤옥현, 윤재영, 신은채, 정혜정, 신언탁 지음

교문사

머리말 PREFACE

오늘날 한국음식은 메뉴의 다양화 면에서 신속하게 발전하고 있으며 한국의 외식업체들도 세계 각국에 진출하여 한국음식의 위상을 더 높이고 있다. 이런 시점에서 우리 음식의 우수함을 널리 알리고 더욱 발전시키기 위해서는 조리를 전공하는 사람들이 각별한 애정을 가지고 조리법을 제대로 배우고 계발하여 우리뿐만 아니라 전 세계인들이 좋아하는 음식으로 자리매김을 해야 한다. 본 《고급한국음식》 개정판은 우리 음식의 세계화를 위한 체계적인 교육과 보급에 관심이 많은 선생님들의 단체인 '한국음식연구회'에서 우리 음식의 상차림에 중점을 두고 제1보로 만들어 낸 교재를 현 시점에 맞게 수정, 보완하여 개정하였다.

이 책은 대학의 15주 수업에 맞추어 편성하였으며 실생활이나 외식업 분야에서 활용할 수 있는 상차림 중심으로 구성하였다.

1장에서는 하루를 여는 아침상차림을 죽이나 탕을 중심으로 메뉴를 구성하였으며 간단한 반상차림으로 제시하였다. 2장에서는 전통반상차림을 제시하여 일상식이나 의례식 상차림을 익히도록 하였으며, 3장에서는 외식업체에서 많이 제공하는 코스상차림을 실습하도록 하였다. 주 음식으로 밥과 면류를 구성하고 이에 어울리는 반찬을 같이 제공하여 재료와 조리법 등이 어우러지도록 우리 음식의 상차림 형태를 외국인의 코스에 맞게 변형시킨 것으로서 현장에서 많이 활용되고 있다. 4장의 뷔페상차림은 제시된 양에 인원 비율을 적절히 적용하고 메뉴를 응용할 수 있도록 구성하였다. 5장의 주안상차림은 오늘날 칵테일 파티에 활용 가능한 메뉴로 구성하였다. 6장의 다과상은 떡류, 과정류와 음청류로 구성하여 상차림에 적절하게 맞추어 활용할 수 있도록 하였다.

7장은 한식의 세계화를 위한 상차림으로 외식업체에서 자주 제공하는 일품반 상차림과 외국인이 좋아하는 우리 음식을 제시하였다. 이 장에서는 관광자원으로 우리 음식을 널리 홍보하고 해외에 진출할 수 있도록 메뉴를 제시하여 실습할 수 있도록 하였다. 8장은 특히 한식조리기능장이나 한식조리산업기사를 준비하는 사람들이 체계적으로 한식을 실습해 볼 수 있도록 내용을 구성, 첨가하였다.

이 책을 교재로 사용하는 경우 각 장에 제시된 상차림을 기본으로 하거나 그 외 예시된 여러 가지 음식을 자유롭게 선택하여 실습의 순서를 정해 나갈 수 있는 특성이 있다. 또한 조리에 관심이 많은 사람도 이 책을 활용하여 상차림을 쉽게 구성할 수 있으므로 상차림에 맞춰 하나하나 조리실습하기에 유용한, 즉 활용도가 높은 조리교재라고 할 수 있겠다.

이 책은 오랜 기간 동안 실무현장의 경험이 많은 교수들이 노력하여 만들어 낸 책으로 특히 현장성이 매우 좋아 바로 활용하기가 쉽다는 장점을 갖추고 있다. 실질적인 메뉴와 레시피, 보기 좋은 사진과 구성이 한식조리에 대한 이해를 더 한층 도와줄 것으로 생각된다. 이 책을 출간하는 데 적극적인 도움을 주신 교문사에 감사드리며 앞으로도 책의 내용을 수정, 보완하여 더욱 좋은 책을 만들어 나갈 것을 약속드린다.

2012년 9월

저자 일동

차 례 CONTENTS

2 반상차림

3 한식 코스상차림

4 뷔페상차림

5 주안상차림

6 다과상차림

7 한식세계화를 위한 상차림

CHAPTER 1

아침상차림

1 아침상차림

아침상차림은 잠에서 깨어나 활동을 하기 전의 시간이므로 식욕이 없으나 전날의 저녁식사와 아침식사의 시간 간격이 길어 힘찬 하루를 시작할 수 있도록 열량보충이 필요하다. 활력 있게 하는 음식으로 차리되 소화가 잘 되며 부담이 없는 간소한 상차림으로 준비하는 것을 원칙으로 한다.

일반적으로 아침상차림에는 죽상차림, 3첩 반상차림, 탕(국)을 주로 하는 상차림이 있다.

1. 죽상차림

1) 죽상차림의 정의 및 개요

죽은 여러 가지 곡물을 이용하여 낟알을 그대로 또는 분쇄하여 물을 많이 넣어 끓여 낸 유동식이다. 부드럽고 소화가 잘 되어 노인, 유아를 위한 주식이나 보양식, 특별한 재료를 넣어 끓인 별미식, 특별한 날에 먹는 민속식, 환자를 위한 음식으로 다양하게 이용할 수 있는 치료식, 식량이 부족한 시기에 주식 대용으로 섭취하던 구황식, 특이 약용 식품을 첨가하여 끓인 죽 등 다양하다. 죽은 여러 가지 목적에 따라 이용되고 있으며 묽은 정도에 따라 죽, 미음, 응이 등이 있다.

죽으로 가장 많이 이용하는 기본형은 쌀죽으로 쌀을 갈은 정도에 따라 옹근죽, 원미죽, 무리죽으로 분류할 수 있다.

옹근죽 : 쌀알을 갈지 않고 흰쌀을 그대로 쑨다.
원미죽 : 쌀알을 굵게 갈아서 쑨다.
무리죽 : 쌀알을 완전히 곱게 갈아서 매끄럽게 쑨다.

이밖에 쌀을 이용한 암죽은 곡물가루에 물을 넣어 끓인 묽은 죽, 백설기를 만들어 말렸다가 끓인 떡암죽, 쌀을 찌거나 볶아서 만든 가루로 쑨 쌀암죽과 밤을 넣은 밤암죽이 있고, 식혜를 만들어 식혜 밥알과 쌀 간 것을 함께 끓인 식혜암죽이 있다.

미음(米飮) 미음은 쌀, 차조, 메조 등의 곡물을 알맹이째 푹 무르도록 충분히 끓여서 고운체에 받친 것으로 쌀미음, 차조미음, 쌀에 해삼 · 홍합 · 쇠고기를 넣은 미음, 율무 · 인삼 · 황률 · 대추 · 녹두 등을 넣어 쑨 미음이 있다.

의이(薏苡) 의이는 원래 율무를 뜻하며 율무의 껍질을 벗겨 물에 불려 맷돌에 갈아 앙금을 가라앉힌 후 말렸다가 끓인 죽이 의이이다. 그러나 율무와는 상관 없이 어떤 곡물이든 갈아서 얻은 앙금으로 쑨 죽을 의이라고 부르며 녹두, 수수, 보리, 밀, 연실, 칡 등의 재료를 이용하기도 한다. 이의는 죽보다 묽어서 마실 수 있는 정도가 된다.

표 1-1 재료에 따른 죽의 종류

식물성 재료를 이용한 죽	동물성 재료를 이용한 죽
흰죽, 잣죽, 검은깨죽, 아욱죽, 콩나물죽, 팥죽, 콩죽, 행인죽, 호두죽, 녹두죽, 호박죽, 식혜암죽, 맥죽, 조죽, 김치죽, 밤암죽, 무죽, 당근죽, 마름죽, 시금치죽, 냉이죽, 방풍죽, 구선왕도고, 개암죽, 둥굴레죽, 지황죽, 연근죽, 구기자죽, 마죽, 매화죽, 율무죽, 낙화생죽 등	닭죽, 쇠고기죽, 우양죽, 전복죽, 홍합죽, 석화죽, 조기죽, 향어죽, 잉어죽, 가물치죽, 타락죽, 장국죽 등

2) 죽상차림 식단 작성

기본원칙

① 죽을 차리는 목적과 기호에 맞는 재료를 첨가하여 쑨 죽에 어울리는 반찬을 곁들인다.

② 찬품으로 국물김치와 젓국조치, 마른반찬을 함께 놓는다.

③ 죽, 미음이나 의이를 주발이나 합에 담아 덜어 먹을 수 있는 작은 그릇과 수

저를 놓는다.

④ 죽에 간을 맞출 간장, 소금, 꿀, 후추 등을 종지에 담아 놓는다.

표 1-2 죽상차림 식단의 예

구 분		식단의 종류
죽	미음	쌀미음, 속미음, 구선왕도고미음
	의이	율무의이, 오미자의이, 녹두의이
	죽	흰죽, 콩죽, 녹두죽, 잣국, 검은깨죽, 호두죽, 밤죽, 타락죽, 팥죽, 닭죽, 장국죽, 전복죽, 애호박죽, 아욱죽, 대추죽, 홍합죽
찌개		두부찌개, 애호박된장찌개
김치		배추김치, 동치미, 나박김치
생채 또는 숙채		시금치나물, 숙주나물, 애호박나물
구이 또는 조림		김구이, 조기구이, 감자조림, 두부조림
장과, 마른찬 또는 젓갈		북어보푸라기, 명란젓

죽상차림 식단 작성 시 유의사항

① 국물이 있는 물김치로 나박김치와 죽의 간을 맞추기 위한 간장을 곁들인다.

② 조개류인 홍합죽은 맛이 담백하므로 고춧가루를 넣은 명란젓국찌개를 곁들인다.

③ 죽에 어울리는 반찬으로 밑반찬인 무숙장아찌와 매듭자반을 선택한다.

④ 단백질 보완과 짭짤한 맛을 더할 수 있는 장조림을 곁들인다.

2. 3첩 반상차림

1) 3첩 반상차림의 정의 및 개요

반상차림이란 밥을 주식으로 하여 반찬과 함께 격식을 갖추어 차리는 상차림이다. 상을 받는 사람의 신분에 따라 아랫사람에게는 밥상, 어른에게는 진짓상, 임금에게는 수랏상이라고 하여 그 명칭이 구별되었다. 밥, 국, 김치, 조치, 종지를 제외한 쟁첩에 담는 반찬의 수에 따라 3첩, 5첩, 7첩, 9첩, 12첩으로 나눈다.

이 중 3첩 반상은 가장 간소한 상차림으로 서민들의 상차림이었으며 하루를 시작하는 아침시간에 간단한 세 가지 정도의 반찬으로 아침상을 차렸다.

일상식으로 어느 정도 여유가 있는 일반인들은 5첩 반상으로, 생신이나 잔치 등의 손님접대용 특별식은 7첩 반상으로, 일반인들의 상차림 중 최고에 해당되는 상차림은 9첩 반상으로 하였다. 12첩 반상은 궁중에서 차리는 반상으로 수랏상이라 명칭하였다.

2) 3첩 반상차림의 식단 작성

기본원칙

① 반상에 기본적으로 차리는 음식은 밥, 국, 김치, 장류로 한다.

② 3첩으로는 생채 · 숙채 중 한 가지, 구이 · 조림 중 한 가지와 장과 · 마른찬 · 젓갈 중 한 가지를 택하여 세 가지의 반찬이 되도록 구성한다.

③ 아침에는 입맛이 없으므로 소화가 쉽고 위에 부담이 없는 식품을 선택한다.

④ 다섯 가지 기초식품군에서 고루 선택한다.

⑤ 제철의 신선한 재료를 이용한다.

표 1-3 3첩 반상차림 식단

구 분		식단의 종류
기본 음식	밥	흰밥, 보리밥, 율무밥, 밤밥, 콩밥, 완두콩밥, 팥밥, 잡곡밥, 흑미밥
	국	애탕, 시금치된장국, 북엇국, 미역국, 감잣국, 곰국, 조개시금칫국
	장 류	청장, 고추장
	김 치	배추김치, 열무김치, 깍두기, 나박김치, 돗나물 물김치, 동치미
반찬	생채 또는 숙채	노각생채, 시금치나물, 취나물, 가지나물, 콩나물무침, 표고버섯나물
	구이 또는 조림	더덕구이, 갈치구이, 뱅어포양념구이, 섭산적, 쇠고기장조림, 생선조림
	장과, 마른반찬	오이숙장과, 무숙장과, 마늘장과, 북어보푸라기, 명란젓, 어리굴젓, 미역자반

3첩 반상차림의 식단 작성의 예(p16)

① 소화가 잘 되는 완두콩밥에 맑은북엇국을 선택하여 간장을 곁들인다.

② 김치는 계절을 고려하여 적합한 김치를 선택한다.

③ 이상의 식단에 다섯 가지 기초식품을 고루 맞추기 위하여 3첩으로 소화가 잘 되는 가지나물과 뱅어포양념구이, 섭산적을 택한다.

3. 탕(국)을 주로 하는 상차림

1) 탕(국)을 주로 하는 상차림의 정의 및 개요

우리나라 반상차림에서 주식인 밥에 반드시 곁들여야 하는 탕(국)으로 식품의 좋은 맛이 국물에 우러나오도록 한 것으로 반상차림에서 필수적이며 한국인이 즐기는 음식이다.

탕은 채소를 주재료로 육류, 어패류와 해조류를 이용하여 끓인 국으로 대접에 7~8할 정도 담아 낸다.

국물의 형태에 따라 다음과 같이 맑은장국, 토장국, 곰국 등으로 분류할 수 있다.

맑은 장국 맑은장국은 쇠고기, 어패류, 멸치를 이용한 국물에 간장이나 소금으로 간을 맞추고 여러 가지 채소를 넣어 맑게 끓인 국이다. 맑은장국으로는 실파장국, 무맑은장국, 애탕, 완자탕, 미역국, 콩나물국, 북엇국, 대합탕, 버섯탕 등이 있다.

토장국 토장국은 된장을 넣고 간을 맞추어 끓인 국으로 고추장이나 고춧가루를 넣어 매운맛을 내기도 하며 여러 가지 계절 채소를 이용하여 끓인 국이다. 토장국으로는 소루쟁이탕, 배추속댓국, 시금치, 아욱, 감자, 양파 등을 이용한 된장국이 있으며 여러 가지 생선, 새우나 조개류를 이용한 해산물 매운탕 등이 있다.

곰국 곰국은 쇠고기나 내장에 무를 넣고 오랫동안 고아 소금으로 간을 맞춘 곰탕이며 사골, 도가니나 잡뼈를 넣고 푹 고아서 뽀얀 국물이 우러나오게 끓인 후 먹을 때 소금과 후춧가루를 넣어 먹는 설렁탕 등을 들 수 있다. 이외에 갈비탕, 도가니탕, 용봉탕, 삼계탕, 육개장, 꼬리곰탕 등도 있다.

2) 탕(국)을 주로 하는 아침상차림의 식단 작성

기본원칙

① 아침식사를 위한 탕은 자극성이 없는 맑은 탕으로 준비한다.

② 담백하고 소화가 잘 되는 재료를 이용한다.

③ 기호에 따라 넣어 먹을 수 있도록 소금, 파, 고춧가루, 후춧가루를 곁들인다.

④ 찬 것보다 따뜻한 국물이 좋다.

표 1-4 탕(국)을 주로 하는 아침상차림의 식단

구 분		식단의 종류
밥		흰밥, 보리밥, 율무밥, 밤밥, 콩밥, 완두콩밥, 팥밥, 잡곡밥, 흑미밥
탕	맑은장국	실파장국, 무맑은장국, 애탕, 완자탕, 미역국, 콩나물국, 북엇국, 대합탕, 버섯탕
	토장국	소루쟁이탕, 배추속댓국, 된장국(시금치, 아욱, 감자 등), 매운탕(생선, 새우, 조개 등)
	곰 국	설렁탕, 갈비탕, 도가니탕, 꼬리곰탕, 용봉탕, 삼계탕, 육개장
김 치		배추김치, 깍두기, 총각김치, 오이김치, 갓김치, 동치미, 나박김치
생채 또는 숙채		오이·도라지생채, 무생채, 탕평채, 죽순채, 참나물
전 류		파전, 연근전, 호박전, 양파전, 굴전, 생선전
구이 또는 조림		생선구이, 뱅어포구이, 감자조림, 두부조림
장과, 마른찬 또는 젓갈		더덕장과, 깻잎장과, 양송이장과, 마른새우볶음, 새우젓, 바지락젓

탕(국)을 주로 하는 아침상차림의 식단 작성의 예(p25)

① 흰밥에 어울리는 따뜻한 국으로 곰국을 준비하여 소금과 파를 곁들인다.

② 김치류는 국물이 많은 깍두기를 선택한다.

③ 반찬은 이상의 식단과 더불어 다섯 가지 기초식품이 고루 배합된 참나물, 양송이장과와 생선전을 선택한다.

죽상차림*

일반적인 죽상차림은 죽과 탕 또는 맑은 찌개를 기본으로 조림과 밑반찬, 물김치 등으로 차린다. 홍합죽, 명란젓국찌개, 삼색북어보푸라기, 장조림, 매듭자반, 나박김치, 뱅어포구이로 아침죽상의 식단을 작성하였다. 홍합죽은 채소진미죽, 잣죽, 녹두죽, 전복죽, 검은깨죽 등으로 대체할 수 있다. 죽상차림에는 죽의 종류에 따라 소금, 꿀, 간장을 종지에 담아 곁들인다.

홍합죽 Mussel Porridge

재료 및 분량

재료	분량
마른 홍합	1/2컵
다진 파	1작은술
다진 마늘	1/2작은술
깨소금	1작은술
후춧가루	1/8작은술
참기름	1큰술
불린 쌀	1컵
물	5~6컵
국간장	1/2큰술
소금	1작은술

조리 방법

1 마른 홍합은 물에 담가 불려 깨끗이 다듬고 잘게 썰어 갖은 양념을 한다.

2 밑이 두꺼운 냄비에 참기름을 두르고 (1)과 불린 쌀을 섞어 쌀이 익을 때까지 볶는다.

3 (2)가 어느 정도 익으면 물을 부어 홍합물이 충분히 우러나도록 끓인다.

4 쌀과 물이 잘 어우러지도록 끓여지면 간장과 소금으로 간을 맞춘다.

명란젓국찌개 Salt Fermented Roe of Pollack Stew

재료 및 분량

재료	분량
명란	100g
두부	100g
새우젓국	1큰술
실파	2대
홍고추	1/2개
마늘	1쪽
물	3컵
참기름	1/2작은술
소금	1/2작은술

조리 방법

1 명란은 2cm 정도 길이로 썰어 놓는다.

2 두부는 1.5×1.5×1.5cm로 깍둑썰고, 마늘은 곱게 채썬다.

3 실파는 손질하여 2cm 길이로 썰고, 홍고추는 반으로 갈라 씨를 털고 2×0.3×0.3cm로 채썬다.

4 새우젓은 곱게 다져서 물 1컵으로 끓여 체에 밭친 다음 국물을 만들어 놓는다.

5 (4)에 나머지 물을 붓고 끓으면 썰어 놓은 명란과 마늘을 넣고 끓이다가 한소끔 끓어오를 때 두부를 넣어 끓인다.

6 소금으로 간을 맞추고 실파와 홍고추를 넣고 잠깐 더 끓인 다음 불에서 내리기 전에 참기름을 넣고 뜸을 들인다.

북어보푸라기 Seasoned Dried Pollack

재료 및 분량

북어포(150g)	1마리
기본색	
소금	1/4작은술
설탕	1/2작은술
참기름	1작은술
깨소금	1작은술
육수	1/2작은술
갈색	
간장	1/2작은술
설탕	1/2작은술
참기름	1작은술
깨소금	1/2작은술
붉은색	
고춧가루	1/2작은술
설탕	1/2작은술
소금	1/4작은술
참기름	1작은술
깨소금	1/2작은술
육수(물)	1/2작은술

조리 방법

1 북어는 머리와 꼬리를 떼어 내고 껍질을 벗겨 뼈와 가시를 발라낸 다음 강판에 갈아 보푸라기를 만들어 3등분한다.

2 보푸라기에 기본색, 갈색, 붉은색의 양념으로 각기 보슬보슬하게 무친다. 이때 고춧가루는 육수로 고춧물로 만들어 물을 들인다.

3 삼색의 북어무침은 한 접시에 각각 보기 좋게 담아낸다.

매듭자반 Fried Sea Tangle

재료 및 분량

다시마(사방 약 20cm)	1장
잣	1작은술
튀김기름	1컵
설탕	1큰술

조리 방법

1 다시마는 일정한 두께로 골라서 물기를 짠 젖은 면포로 표면을 닦아 8×0.5cm 정도의 긴 끈 모양으로 썰고 양끝은 리본 모양으로 자른다.

2 (1)을 한 가닥씩 들고 묶어 가운데 잣을 한 알씩 넣어 빠지지 않게 매듭을 짓는다.

3 튀김 냄비에 기름을 넣고 170℃ 정도로 온도를 올려 (2)의 다시마를 넣어 바삭바삭하게 튀긴다.

4 (3)을 망에 건져서 뜨거울 때 설탕을 고루 뿌려서 그릇에 담는다.

장조림 Braised Beef in Soy Sauce

재료 및 분량

쇠고기(우둔)	200g
조림장	
간장	2큰술
설탕	1 1/2큰술
파	1/3대
마늘	2쪽
건고추	1개
양파	20g
생강	1톨
물	1컵
통후추	5알

조리 방법

1 쇠고기는 기름기를 제거하여 물에 담가 핏물을 뺀 다음 결대로 6~7cm 통으로 썬다.

2 냄비에 (1)을 담고 고기가 잠길 만큼의 물을 붓고서 30여 분 삶는다.

3 조림장 재료를 혼합하여 (2)의 고기를 넣고 처음에는 센불에서 끓이다가 은근한 불로 줄여 졸인다.

4 국물이 자작하면 고기를 건져 내어 결대로 찢고 먹을 때마다 참기름을 한 방울 정도 떨어뜨려 그릇에 담는다.

나박김치 Juicy Radish and Cabbage Kimchi

재료 및 분량

무	1/3개(200g 정도)
배추	1/2개(1kg)
굵은 소금	1큰술
실파	50g
미나리	50g
마늘	30g
생강	5g
실고추	소량
국물	
물	15컵
소금	6큰술
고춧가루	6큰술

조리 방법

1 무는 깨끗이 씻어 3cm 길이로 3등분한 다음 납작하게 나박썰기를 하고, 배추는 속대만 골라 씻어 무와 같은 크기로 썬다.

2 무와 배추를 10분 정도 절여 씻어 건진다.

3 실파와 미나리는 다듬어 씻은 뒤 3cm 길이로 썰고, 마늘과 생강은 곱게 채썬다. 실고추는 짧게 자른다.

4 항아리에 절인 무와 배추, 실파, 마늘, 실고추를 버무려 담는다.

5 큰 그릇에 물 15컵과 소금을 넣어 간을 맞춘 후 고춧가루를 면포에 싸서 흔들어 붉게 만든 국물을 (4)에 붓는다.

채소진미죽 Vegetables and Seafoods Porridge

재료 및 분량

재료	분량
불린 쌀	1/2컵
당근	10g
건표고버섯	1장
양송이버섯	2개
죽순	30g
아욱	80g
새우살	50g
육수	5컵
참기름	2큰술
소금	1/2작은술
후춧가루	약간

조리 방법

1 쌀은 깨끗이 씻어 충분히 불린 후 건져서 육수 1컵을 부어 믹서에 굵게 간다.

2 당근은 2×0.2×0.2cm로 채 썬다.

3 마른 표고버섯은 따뜻한 물에 불려 기둥을 떼고 채썬다.

4 양송이버섯은 갓의 겉껍질을 벗기고 0.2cm 두께로 편썰기한다.

5 죽순은 빗살무늬를 살려 3×1×0.2cm 크기로 썬다.

6 아욱은 손질하여 3cm 길이로 썬다.

7 새우살은 잡티를 제거하여 씻는다.

8 냄비에 (1)과 참기름을 넣고 쌀이 투명해질 때까지 볶은 후 육수 2컵과 (2)~(6)의 재료를 넣어 끓인다.

9 (8)이 끓으면 새우살을 넣어 익히고 마지막에 소금으로 간한다.

잣죽 Pine Nut Porridge

재료 및 분량

잣	1/2컵
불린 쌀	1컵
소금	1작은술
물	5컵

조리 방법

1 잣은 고깔을 떼어 내고 씻어 물 1컵을 넣고 곱게 갈아 체에 밭쳐 놓는다.

2 불린 쌀은 물 1컵을 넣고 곱게 갈아 체에 밭쳐 놓는다.

3 잣물과 남은 물을 먼저 냄비에 넣고 중불에서 끓이다가 갈아 놓은 쌀물을 넣고 나무주걱으로 저으면서 끓인다.

4 죽이 빡빡하게 엉기면서 끓으면 약불로 줄여 조리하다가 반투명해지고 다시 죽 상태가 되면서 살살 끓으면 소금으로 간을 맞춘다.

녹두죽 Mungbean Porridge

재료 및 분량

재료	분량
통녹두	1컵
물	12컵
불린 쌀	1/2컵
소금	1작은술

조리 방법

1 통녹두는 깨끗이 씻어 냄비에 물 12컵을 넣어 터질 때까지 푹 삶은 다음 체에 내려 녹두물과 앙금을 받아 놓는다.

2 냄비에 녹두 삶은 웃물을 넣고 먼저 끓이다가 쌀을 넣어 끓인다.

3 쌀이 익으면 녹두앙금을 넣고 잘 저어 한소끔 끓으면 소금으로 간을 맞춘다.

전복죽 Abalone Porridge

재료 및 분량

재료	분량
전복	1개
불린 쌀	1/2컵
물	3컵
참기름	4큰술
김	1장
달걀	1개
소금	1작은술
마늘	2쪽

조리 방법

1 전복은 깨끗이 씻어 끓는 물에 데쳐낸 뒤 껍질을 떼어낸다. 내장을 깨끗이 씻어 물기를 제거한 뒤 얇게 썬다.

2 불린 쌀은 2~3토막이 되도록 방망이로 부순다.

3 냄비에 참기름을 두르고 전복과 (2)의 쌀을 넣고 잠깐 볶다가 눌러 붙으려고 할 때 다진 마늘과 물을 넣는다. 처음에는 센불에서 끓이다가 끓기 시작하면 약불에서 가끔 저으면서 계속 끓인다.

4 김은 구워서 3cm 길이로 자른다.

5 쌀이 부드럽게 퍼지고 죽국물이 걸쭉해지면 풀어 놓은 달걀을 줄알 붓듯이 살살 부어 익힌 후, 소금 간을 하여 그릇에 담고 김을 얹어낸다.

검은깨죽 Black Sesame Porridge

재료 및 분량

검은깨	1컵
물	4컵
불린 쌀	1/2컵
소금	1작은술

조리 방법

1 검은깨는 잘 씻어 일어 건져서 볶은 후 2컵의 물을 붓고 믹서에 곱게 갈아 고운 체에 밭쳐 찌꺼기는 버린다.

2 불린 쌀에 1컵의 물을 넣고 믹서에 곱게 갈아 체에 밭친다.

3 밑이 두꺼운 냄비에 체에 밭친 쌀과 남은 물을 넣고 끓으면 검은깨물을 넣고 함께 끓인다.

4 죽이 끓기 시작하면 불을 낮추어 은근한 불에서 충분히 끓인 후 소금으로 간을 맞춘다.

반상차림*

●●● 아침에 가볍게 먹을 수 있는 반상차림으로 계절에 어울리는 밥과 국에 생채, 숙채, 구이 등 세 가지 반찬을 중복되지 않게 차린다.

미역자반 Sautéed Dried Sea Mustard

재료 및 분량

재료	분량
자반 미역	20g
식용유	2큰술
설탕	1큰술
깨소금	1작은술

조리 방법

1 미역은 가위로 3~4cm 길이가 되도록 자른다.

2 달구어진 팬에 기름을 넉넉히 두른 후 미역을 넣어 재빨리 저으면서 고루 볶는다.

3 미역이 파릇한 색으로 볶아지면 불에서 내리고 깨소금과 설탕을 넣어 고루 섞는다.

다시마조림 Braised Dried Pollack and Sea Tangle in Soy Sauce

재료 및 분량

다시마(사방 30cm)	1장
물	2컵
북어	1/2마리
박고지	10g
조림장	
간장	1/2컵
설탕	1/4컵
다시마물	1½컵
양파	20g
마늘	2쪽
대파	20g
건고추	1개
통후추	5알

조리 방법

1 젖은 면보로 다시마 표면을 닦은 후 물을 부어 다시마물을 우려낸다.

2 (1)의 다시마는 건져서 4×6cm로 자른다.

3 북어는 손질하여 물에 적시고 4×1.5cm로 자른다.

4 박고지는 8cm로 자르고 따뜻한 물에 불려 부드럽게 한다.

5 (3)의 북어를 다시마로 감싸고 (4)로 묶는다.

6 조림장을 만들어 (5)에 붓고 은근히 졸인다.

7 (6)이 어느 정도 졸여지면 부재료는 건져 내고 다시마 북어는 접시에 보기 좋게 담는다.

모듬전: 생선전 Assorted Pan Fried Delicacies(Pan Fried Pollack)

재료 및 분량

동태(300g 크기)	1마리
밀가루	2큰술
달걀	1개
소금	1/2작은술
후춧가루	1/8작은술
식용유	2큰술
초간장	
간장	1큰술
식초	1/2큰술
설탕	1/4작은술

조리 방법

1 동태는 지느러미, 내장, 비늘을 제거하여 물로 깨끗이 씻은 후 물기를 닦아 내고 세장뜨기를 한다.

2 생선껍질 쪽을 밑으로 가도록 놓고 꼬리 쪽에 칼을 넣어 생선살을 조금 떠서 껍질을 왼손에 잡고 칼을 서서히 밀면서 껍질을 벗긴다.

3 생선살은 5×4×0.5cm 크기로 포를 떠서 소금, 후춧가루를 뿌려 밑간을 한다.

4 생선살의 물기를 제거하고 밀가루를 고루 묻혀 털어낸다.

5 풀어 놓은 달걀물에 소금을 넣고 밀가루 묻힌 생선을 하나씩 담갔다 뺀다.

6 달궈진 팬에 기름을 두르고 앞뒤를 고르게 지진다.

7 초간장을 곁들인다.

모듬전: 연근전 Pan Fried Lotus Root

재료 및 분량

연근(가는 것)	1마디
식초	1작은술
소금	2작은술
밀가루	2큰술
식용유	2큰술
밀가루즙	
밀가루	1컵
물	3/4컵
간장	2작은술
참기름	2작은술
초간장	
간장	1큰술
물	1큰술
식초	1/2큰술
설탕	1/8작은술
잣가루	1/4큰술

조리 방법

1 지름이 4cm 정도의 굵기인 연근을 골라서 깨끗이 씻어서 껍질을 벗기고 0.5cm 정도의 두께로 썰어서 식초를 조금 넣은 냉수에 담가 둔다.

2 냄비에 넉넉히 물을 끓여서 (1)의 연근을 삶아 건진다.

3 밀가루에 양념을 넣어 밀가루즙을 만든다.

4 (2)의 연근에 밀가루를 고루 묻힌 후 밀가루즙에 담갔다가 뜨겁게 달군 팬에 기름을 두르고 양면을 노릇하게 지진다.

5 초간장을 곁들인다.

모듬전: 브로콜리전 Pan Fried Broccoli

재료 및 분량

브로콜리	150g
새우살	50g
생강즙	1/8작은술
소금	1/8작은술
참기름	1/4작은술
홍고추	1/4개
달걀	2개(1/2컵)
밀가루	2큰술
식용유	2큰술

조리 방법

1 브로콜리는 모양을 살려서 길이로 3~4등분하여 끓는 소금물에 데쳐내어 소금, 참기름으로 양념한다.

2 새우살은 소금물에 가볍게 씻어 물기를 닦고 곱게 다진다.

3 홍고추는 반으로 갈라 씨를 빼서 곱게 다진다.

4 새우살을 소금, 참기름, 생강즙으로 양념하여 (3)의 다진 홍고추와 섞는다.

5 브로콜리의 한쪽 면에 밀가루를 가볍게 묻혀 털어내고 새우살을 편평하게 붙인다.

6 (5)의 붙인 면에 밀가루, 달걀옷을 입혀 지져낸다.

모듬전: 해삼전 Pan Fried Sea Cucumber

재료 및 분량

불린 해삼	200g	양념	
쇠고기(우둔)	80g	소금	1/2작은술
두부	30g	다진 파	2작은술
표고버섯	10g	다진 마늘	1작은술
밀가루	3큰술	설탕	1/4작은술
달걀	2개	참기름	1작은술
소금	1/2작은술	깨소금	2작은술
후춧가루	1/8작은술	생강즙	1/4작은술
식용유	2큰술	후춧가루	1/8작은술

조리 방법

1 해삼은 불려서 삶아 내장을 손질하고 깨끗이 씻은 다음 3cm 정도로 썬다. 소금, 후춧가루로 간하여 놓는다.

2 쇠고기는 곱게 다지고, 두부도 수분을 제거하고 곱게 으깨 놓는다.

3 표고는 씻어서 불려 물기를 꼭 짠 다음 곱게 다진다.

4 (2), (3)을 모두 섞어서 양념하여 소를 만든다.

5 해삼 안쪽에 밀가루를 바르고 (4)의 소를 꼭꼭 눌러 편평하게 넣고 소를 넣은 쪽만 밀가루를 묻히고 달걀옷을 입혀서 팬에 부쳐낸다.

모듬전: 감자전 Potato Pancake

재료 및 분량

감자	2개	양념간장	
녹말가루	2큰술	간장	1큰술
홍고추	1/2개	고춧가루	1작은술
부추	20g	다진 파	1큰술
식용유	3큰술	다진 마늘	1/3작은술
양념		깨소금	1/2큰술
후춧가루	1/8작은술	식초	2작은술
소금	1작은술	설탕	1/4큰술
참기름	1작은술		

조리 방법

1 감자는 강판에 갈아 고운체에 밭쳐서 앙금은 가라앉히고, 건지는 한두 번 냉수에 헹구어 물기를 짠다.

2 부추와 홍고추는 손질하여 1cm 길이로 곱게 채썬다.

3 가라앉은 감자 앙금에 건지와 녹말가루를 넣어 고루 섞고 양념하여 (2)를 섞는다.

4 팬에 기름을 넉넉히 두르고 뜨겁게 달군 다음 (3)을 한 국자 정도씩 떠 넣고 고루 펴서 동그랗게 지진다.

5 뜨거울 때 양념간장을 곁들여 낸다.

완두콩밥 Cooked Green Peas and Rice

재료 및 분량

재료	분량
멥쌀	2컵
완두콩	150g
물	3컵

조리 방법

1. 멥쌀을 씻어 30여 분 불린다.
2. 완두콩은 껍질을 벗겨서 물에 씻는다.
3. 불린 멥쌀을 건져서 손질한 완두콩을 섞어 물을 붓고 밥을 짓는다.
4. 끓기 시작하면 불을 줄여 뜸을 들인다.

북엇국 Dried Pollack Soup

재료 및 분량

재료	분량
황태	1마리
달걀	1개
대파	1대
국간장	2작은술
소금	1작은술
후춧가루	1/8작은술
다시마(4×5cm)	1장
다진 마늘	1작은술
물	6컵

조리 방법

1. 황태는 손질하여 찬물에 잠깐 담가 살만 결대로 가늘게 찢어 놓는다.
2. 냄비에 손질하고 남은 북어머리와 뼈, 다시마를 넣은 후 찬물을 부어 끓기 시작하면 다시마는 건져 내고 잠깐 더 끓인 다음 체에 밭친다.
3. 달걀은 흰자와 노른자가 고루 섞이도록 잘 풀어 놓고, 대파는 어슷하게 썬다.
4. (2)의 국물을 다시 불에 올리고 (1)의 북어를 넣고 끓이다가 국간장으로 간을 하여 끓인다.
5. (3)의 달걀에 어슷썬 대파를 넣어 고루 섞어 두었다가 끓는 국물에 한 숟갈씩 떠 넣고 소금과 후춧가루로 간을 맞춘다.

뱅어포양념구이 Grilled Icefish with Hot Pepper Paste Seasoning

재료 및 분량

뱅어포	4장
식용유	2큰술
양념장	
고추장	1큰술
고춧가루	1작은술
설탕	1큰술
다진 마늘	1/2큰술
다진 파	1큰술
참기름	1/2큰술
깨소금	1/2큰술
청주	1큰술
물엿	1큰술

조리 방법

1 양념장을 제시한 분량의 재료를 혼합하여 만든다.

2 뱅어포를 2장씩 겹쳐 놓고 양념장을 앞뒤로 고루 바른다.

3 열이 오른 팬에 기름을 충분히 두르고 2장씩 겹친 채 앞뒤로 잘 구운 다음 3×2cm 크기로 자른다.

열무김치 Young Leafy Radish Kimchi

재료 및 분량

열무	1kg
소금	1/2컵
물	1½컵
오이	2개
대파(흰 부분)	50g
풋고추	2개
양념	
고춧가루	1/2컵
홍고추	3개
마늘	1쪽
생강	1/2톨
찹쌀풀	1/2컵
소금	1/8작은술

조리 방법

1 열무는 다듬어서 길이 5cm 정도로 잘라 씻은 다음 2시간 정도 절인다.

2 오이는 껍질을 소금으로 문질러 씻어 길이 4cm 정도로 썰어 4쪽으로 내고, 파는 채썬다.

3 홍고추는 반으로 갈라 씨를 털어내고 믹서에 마늘, 생강과 함께 간다.

4 풋고추도 반으로 자르고 씨를 털어낸 후 4×0.3cm로 굵게 채썬다.

5 찹쌀풀을 쑤어 식혀서 고춧가루와 (3)에서 준비한 양념, 소금을 섞고 여기에 열무와 오이, 풋고추, 파를 넣고 버무려 항아리에 담는다.

가지볶음 Sautéed Aubergine

재료 및 분량

가지	200g
소금	1작은술
실파	30g
쇠고기(우둔)	50g
홍고추	1/4개
쇠고기 양념	
간장	1작은술
설탕	1/3작은술
다진 마늘	1/2작은술
다진 파	1/2작은술
참기름	1/4작은술
후춧가루	1/8작은술
전체 양념	
다진 파	1작은술
다진 마늘	1/2작은술
참기름	1/4작은술
깨소금	1/2작은술
소금	1/8작은술
후춧가루	1/8작은술
식용유	1큰술

조리 방법

1 가지는 4×1×0.2cm 크기의 골패형으로 썰어 소금에 절인 후 물기를 꼭 짠 뒤 볶는다.

2 쇠고기는 얇게 채썰어 양념하였다가 볶는다.

3 실파는 손질하여 4cm 길이로 썰고, 홍고추는 4×0.2cm로 채썰어 각각 볶는다.

4 (1), (2), (3)을 고루 섞어 갖은 양념을 하여 접시에 담아낸다.

섭산적 Grilled Minced Beef

재료 및 분량

쇠고기(우둔)	150g
두부	50g
잣	1작은술
한지	1장
식용유	1작은술
쇠고기·두부 양념	
다진 파	2작은술
다진 마늘	1작은술
소금	1/2작은술
설탕	1/3작은술
참기름	1작은술
깨소금	1작은술
후춧가루	1/8작은술

조리 방법

1 쇠고기는 기름기를 제거하여 곱게 다지고, 두부는 물기를 짜서 곱게 으깨어 고기와 고루 섞는다.

2 (1)에 갖은 양념을 하여 끈기가 나도록 치댄다.

3 양념고기는 5×4×0.6cm의 크기로 둥글고 납작하게 빚어 곱게 칼집을 낸다.

4 석쇠에 기름을 바르고 달군 다음 (3)을 타지 않게 굽는다.

5 잣은 한지를 깔고 잘 드는 칼로 곱게 다진다.

6 구운 섭산적을 접시에 담고 잣가루를 뿌려 낸다.

탕상차림*

●●● 국이나 탕을 중심으로 차리는 상차림으로 곰탕에 흰밥과 생선전, 양송이버섯 장과, 참나물, 깍두기로 메뉴를 구성하였다.

흰밥 Cooked Rice

재료 및 분량

쌀	1컵
물	1½컵

조리 방법

1 쌀을 씻어서 30분 정도 담가 불린 다음 체에 밭쳐 놓는다.

2 불린 쌀에 물을 넣고 처음에는 센불에서 끓이다가 물이 줄어 보글보글 끓을 때 중불로 줄이고, 물이 보이지 않기 시작하면 약불에서 뜸을 들인다.

곰탕 Thick Beef and Bone Soup

재료 및 분량

쇠고기(사태)	100g
사골	100g
잡뼈	200g
대파	1대
물	10컵
사태 양념	
국간장	1작은술
다진 파	2작은술
다진 마늘	1작은술
후춧가루	1/8작은술
국물 양념	
소금	1/8작은술
다진 파	소량

조리 방법

1 사골, 잡뼈, 사태는 찬물에 30여 분간 담가 핏물을 뺀다.

2 끓는 물에 (1)을 넣고 데쳐 낸다.

3 적량의 물에 (2)를 넣어 센불에서 끓이다가 끓으면 중불로 하여 서서히 끓인다.

4 국물이 잘 우러나고 고기가 부드러워지면 고기는 건져 내어 한 입 크기로 썰어 양념한다.

5 대파는 송송 썰어 놓는다.

6 (4)의 고기를 그릇에 담고 국물을 부어 소금과 파를 넣는다.

양송이버섯장과 Sautéed Cultivated Button Mushroom

재료 및 분량

양송이버섯	100g
마늘	2쪽
홍피망	20g
청피망	40g
양파	50g
쇠고기(등심)	30g
고기 양념	
간장	1/2작은술
설탕	1/4작은술
다진 마늘	1/4작은술
다진 파	1/2작은술
참기름	1/4작은술
깨소금	1/4작은술
후춧가루	1/8작은술
전체 양념	
참기름	1/2작은술
깨소금	1작은술
소금	1/3작은술

조리 방법

1 버섯은 껍질을 벗긴 후 0.5cm 두께로 썬다.

2 마늘은 3mm 두께로 저미고, 청 · 홍피망과 양파는 사방 2cm로 썬다.

3 등심은 채소보다 약간 크게 저며서 양념해 둔다.

4 열이 오른 팬에 기름을 두르고 마늘과 쇠고기를 먼저 볶다가 고기가 익으면 양파, 청 · 홍피망, 버섯의 순으로 센불에서 단시간에 볶는다.

5 마지막에 전체 양념을 한 후 접시에 담아 낸다.

참나물 Seasoned Pimpinella Brachycarpa

재료 및 분량

참나물	200g
홍고추	1/4개
양념	
국간장	1작은술
소금	1/4작은술
다진 파	2작은술
다진 마늘	1/2작은술
참기름	2작은술
깨소금	2작은술

조리 방법

1 참나물은 깨끗이 손질하여 끓는 물에 소금을 넣고 파랗게 삶아 찬물에 씻어 물기를 짠다.

2 홍고추는 2×0.2×0.2cm로 곱게 채썰어 살짝 볶는다.

3 (1)을 갖은 양념을 하여 가볍게 무쳐 홍고추와 섞어 접시에 담아 낸다.

깍두기 Diced Radish Kimchi

재료 및 분량

무	500g
배추속대	100g
굵은 소금	1/4컵
미나리	30g
실파	50g
양념	
고춧가루	3큰술
마늘	20g
생강	1/2톨
새우젓	1큰술
소금	1/4작은술
설탕	1작은술

조리 방법

1 무는 손질하여 씻고 사방 2cm 크기로 깍둑썰기한 다음 굵은 소금을 고루 뿌려 절였다가 체에 건져 놓는다.

2 배추속대는 물에 씻은 다음 2cm 길이로 썰어 가볍게 절인 후 건진다.

3 실파와 미나리는 다듬어 씻어 4cm 정도의 길이로 썰고, 마늘과 생강은 곱게 다진다.

4 새우젓은 잡티를 골라내고 건더기만 건져 곱게 다진다.

5 (1)의 무와 (2)의 배추는 고춧가루로 고루 버무려 갖은 양념을 하고 여기에 나머지 재료인 미나리, 실파를 섞어 살살 버무려 항아리에 담는다.

CHAPTER 2

반상차림

2 반상차림

밥을 주식으로 차리는 상차림을 반상이라 하며, 반찬수에 따라 3첩, 5첩, 7첩, 9첩, 12첩으로 나뉘며 일반 가정에서는 주로 3첩 또는 5첩 정도의 반상을 차렸다.

1. 일상식 상차림

1) 반상차림

반상차림의 정의 및 개요

우리나라에서 평상시에 차리는 일상 상차림을 반상(飯床)이라 하며 신분과 격식이 엄격했던 조선시대부터 정립되었다. 밥과 반찬을 격식을 갖추어 차리며, 받는 사람의 신분에 따라 명칭이 달라 밥상, 진지상, 수랏상 등으로 불렀다.

일상 상차림의 형식인 반상은 독상이 기본이며, 밥, 국, 김치류, 장류, 찜류, 찌개류, 전골류 등은 기본음식 첩수에 포함되지 않는다. 생채, 숙채, 구이류, 조림류, 전류, 장과류, 마른찬, 젓갈류, 회, 편육 등은 쟁첩에 담아 첩수에 포함시켜 3첩, 5첩, 7첩, 9첩, 12첩으로 나누었다. 그리하여 3첩은 서민들의 상차림이며, 5첩은 약간 여유있는 서민상이며, 7첩, 9첩은 반가의 상차림이었고, 12첩은 궁중의 임금님 수랏상으로 차려졌다.

① **3첩 반상** : 밥, 국, 김치, 장 외에 세 가지 찬품을 쟁첩에 내는 반상이다. 첩수에 들어가는 음식은 생채나 숙채 중에 하나, 구이나 조림 중에 하나, 장과, 마른찬, 젓갈 중에 한 가지를 선택하여 구성한다.

② **5첩 반상** : 밥, 국, 김치 두 가지, 장류(간장, 초간장), 찌개류 외에 다섯 가지 찬품을 쟁첩에 내는 반상이다. 첩수에 들어가는 음식으로는 생채, 숙채, 구이, 전, 마른반찬이나 장과 또는 젓갈 중에서 한 가지이다.

③ **7첩 반상** : 밥, 국, 김치 두 가지, 장(간장, 초간장, 초고추장), 찌개나 전골 중 한 가지, 찜 외에 일곱 가지 찬품을 쟁첩에 내는 반상이다. 첩수에 들어가는 음식으로는 생채, 숙채, 구이, 조림, 전, 마른반찬이나 장과 또는 젓갈 중에서 한 가지, 회를 포함한다.

④ **9첩 반상** : 밥, 국, 김치 두 가지, 장(간장, 초간장, 초고추장), 찌개, 찜, 전골 외에 아홉 가지 찬 찬품을 쟁첩에 내는 반상이다. 첩수에 들어가는 음식으로는 생채 두 가지, 숙채, 구이, 조림, 전, 마른찬이나 장과 또는 젓갈 중에서 한 가지 회, 편육을 포함한다.

⑤ **12첩 반상** : 밥, 국, 김치, 장, 찌개, 찜, 전골 외에 열두 가지 이상의 찬품을 쟁첩에 내는 궁중의 수랏상이다. 첩수에 들어가는 음식으로는 생채 두 가지, 숙채 두 가지, 구이 두 종류(찬 구이, 더운 구이), 조림, 전, 마른찬이나 장과 또는 젓갈 중에서 한 가지, 회 두 가지, 편육이 포함된다.

또한 다음의 반상차림 구성표는 전통반상차림을 기본으로 하여 오늘날의 한정식의 식단과 어우러지도록 구성하였다.

표 2-1 반상차림의 구성

구분	기본음식							첩수에 들어가는 음식									
	밥	국	김치	장류	찌개	전골	찜	나물 생채	나물 숙채	구이	조림	전	장과	마른찬	젓갈	회	편육
3첩	1	1	1	1	×	×	×	택1		택1		×	택1			×	×
5첩	1	1	2	2	1	×	×	1	1	택1		1	택1			×	×
7첩	1	1	2	3	택1			1	1	1	1	1	택1			1	×
9첩	1	1	2	4	1	1	1	1	1	1	1	1	택2			1	1
12첩	2	2	2	4	1	1	1	2	2	2	1	1	택1			2	1

반상차림의 반배도

① **3첩 반상** : 1. 현미밥 2. 근대토장국 3. 간장 4. 도라지생채 5. 삼합장과 6. 삼치구이 7. 배추김치

② **5첩 반상** : 1. 풋콩밥 2. 시금칫국 3. 생선찌개 4. 간장 5. 초간장 6. 오이생채 7. 고사리나물 8. 조기구이 9. 새송이전 10. 김부각 11. 나박김치 12. 배추김치

③ **7첩 반상** : 1. 팥밥 2. 콩나물국 3. 간장 4. 초고추장 5. 초간장 6. 홍합초 7. 시금치나물 8. 다시마튀각 9. 표고전 10. 불고기 11. 더덕생채 12. 미나리강회 13. 배추김치 14. 깍두기 15. 민어찌개 16. 두부조림 17. 닭찜

④ **9첩 반상과 곁상** : 1. 콩밥 2. 미역국 3. 간장 4. 초간장 5. 초고추장 6. 겨자장 7. 잡채 8. 겨자채 9. 더덕생채 10. 갈비구이 11. 닭조림 12. 고추전 13. 북어무침 14. 양지머리편육 15. 실파강회 16. 배추김치 17. 동치미 18. 달래된장찌개 19. 낙지전골 20. 호박선 21. 빈 공기 22. 국자

반상에서의 배선은 수저는 숟가락이 앞쪽, 젓가락이 뒤쪽으로서 상의 오른쪽에 위치하며 상 끝에서 2~3cm 나가게 한다. 밥은 상 앞줄 왼쪽에, 국은 오른쪽에, 찌개는 국 뒤쪽에 놓여진다. 김치는 상 뒷줄에, 김치 중에서 국물김치는 오른쪽에 오도록 한다. 그리고 일반적으로 국, 찌개, 구이, 전 등의 더운 음식은 오른쪽에 배선한다.

위 반상차림은 우리나라 전통적인 반상차림을 근거로 좀더 현대적이고 실제적인 반상차림으로 재구성하여 되도록 같은 부류의 찬품끼리 중복되지 않게 하였다.

일상식반상 식단 작성의 원칙

① 한 끼의 식사내용이 영양소가 골고루 포함되도록 할 것

② 식물성 식품과 동물성 식품을 고루 포함할 것

③ 제철에 어울리는 식품으로 구성할 것

④ 다양한 음식의 종류로 구성할 것

⑤ 음식의 색상과 질감에도 신경을 쓸 것

⑥ 기본 한국음식의 상차림 원칙으로 구성할 것

반상차림 메뉴의 예

① 사계절에 어울리는 메뉴의 예를 제시하였다.

② 3첩은 봄 메뉴, 5첩은 여름 메뉴, 7첩은 가을 메뉴, 9첩은 겨울 메뉴로 정하였다.

표 2-2 반상차림 메뉴의 예

계절	봄	여름	가을	겨울
첩수	3첩	5첩	7첩	9첩
밥	흰밥	완두콩밥	조밥	팥밥
국	무맑은국	육개장	콩나물쇠고기국	미역국
장류	청장	청장, 초간장	청장, 초간장, 초고추장	청장, 초간장, 쌈장
김치	배추김치	깍두기, 열무김치	오이소박이, 나박김치	배추김치, 동치미, 총각김치
찌개		된장찌개		조기찌개
찜			닭찜	
전골			표고버섯전골	쇠고기전골
찬류	호박나물 너비아니 오징어젓갈	탕평채 갈치구이 육원전 삼합장과 조개젓	미나리나물 잡채 조기구이 연근조림 옥수수전 김자반 생선회	취나물 월과채 병어양념구이 멸치조림 채소전 오이숙장아찌 김부각 창란젓 돼지고기편육

2) 죽상

이른 아침에 초조반으로 내거나 환자들을 위한 치료식, 노인들을 위한 보양식으로 간단히 차리는 죽상으로 죽, 응이, 미음 등의 유동식을 주식으로 하고 간단한 찬을 차린다.

죽상에 올리는 김치류는 국물이 있는 나박김치나 동치미로 하고, 찌개는 젓국이나 소금으로 간을 한 맑은 조치이다. 그 외의 찬으로는 육포나 북어무침, 매듭자반 등의 마른 찬을 두 가지 정도 함께 차린다. 죽은 그릇에 담아 중앙에 놓고 오른 편에는 공기를 놓아 조금씩 덜어 먹게 하며, 죽상에는 짜고 매운 찬은 어울리지 않는다.

3) 장국상(면상)

국수를 주식으로 하여 차리는 상을 면상이라 하며, 점심 또는 간단한 식사 때에 많이 이용한다. 주식으로는 온면, 냉면, 떡국, 만둣국 등이 오르며, 부식으로는 찜, 겨자채, 잡채, 편육, 전, 배추김치, 나박김치, 생채, 잡채, 전 등이 오른다. 후식으로 각종 떡류나 한과, 생과일 등을 곁들이기도 하며 이때는 식혜, 수정과, 화채 중의 한 가지를 놓는다.

경사 때에는 큰상(고임상)을 차리고, 경사의 당사자 앞에는 면과 간단한 찬을 놓은 입매상(면상)을 차린다.

온면상 국수(온면), 정과, 찜(민어찜, 도미찜), 떡(단자), 전, 잡누르미, 약식, 편육, 약과(다식과, 만두과), 강정, 잡채, 화채(진달래 화채, 창면), 김치, 녹말편을 갖추어 낸다.

냉면상 국수(냉면), 김치, 쇠고기 전골, 떡수단, 전, 화채(산딸기 화채), 장과를 갖추어 낸다.

4) 주안상

주류를 대접하기 위해서 차리는 상이다. 안주는 술의 종류, 손님의 기호를 고려해서 장만해야 하는데, 보통 약주를 내는 주안상에는 육포, 어포, 건어, 어란 등의 마른안주와 전이나 편육, 회, 생채류, 나박김치, 초간장, 간장, 겨자즙, 과일, 떡, 한과류, 생란, 조란, 생실과를 갖추어 낸다.

5) 교자상

명절이나 잔치, 또는 회식 때 많은 사람이 함께 모여 식사를 할 경우 차리는 상이다. 대개 고급 재료를 사용해서 여러 가지 음식을 많이 만들어 대접하려고 할

표 2-3 교자상차림의 찬품구성

구분	기본 / 조리법분류	13품	11품	9품	7품	5품	교자상차림 식단의 예			예
							11품	9품	7품	
기본 음식	면(온면, 냉면), 떡국, 만두	택 1	택 1	택 1	택 1	택 1	떡국 (겨울)	냉면 (여름)	온면 (봄가을)	규아상, 편수
	탕	1	1	1	–	–	완자탕	깻국탕	–	
	찜	1	1	택 1	택 1	택 1	닭찜	도미찜	갈비찜	대하찜
	신선로	1	1				신선로	–	–	
	김치	3	3		2	1	보쌈김치	오이소박이	배추김치	깍두기, 동치미, 나박김치, 장김치, 열무김치
	장	3	3	2	2	2	새우젓국, 묽은 장, 초고추장, 초장	초장, 초고추장, 새우젓국	초장, 초고추장, 새우젓국	
	꿀	1	(1)	(1)	(1)	(1)				
찬품	회	1	1	1	택 3	택 1	갑회 (소내장)	민어회	굴회	파강회, 미나리강회
	편육	1	1	1			돼지머리 편육	돼지머리 편육	제육편육	
	전	1	1	1	1	택 1	생선전	고추와 호박전	–	천엽전, 간전, 연근전
	적	1	1	1	1		김치적	화양적	누름적	
	채(겨자채, 잡채, 구절판)	1	1	1	1	1	겨자채	구절판	잡채	홍합초, 겨자채, 구절판, 잡채, 오이선
	포(마른안주)	1	1	1	1		어포	대구포	육포	
후식	편	1	택 1	택 1	택 1	택 1	약식	증편	–	
	약식	1					–	–	–	
	조과	1	1	택 1			강정		약과	매작과
	정과	1	택 1	1			도라지정과	생란	–	도라지정과, 연근정과, 생선정과, 밤초, 대추초, 생란
	숙실과	1		1	택 1	택 1	–	–	–	
	생실과	1	1	택 1			과실		–	
	화채	택 1	택 1				수정과	오미자화채	–	배숙, 유자화채
	각종차	1					–	–	유자차	식혜

때 종류를 지나치게 많이 하는 것보다는 몇 가지 중심이 되는 요리를 특별히 잘 만들고, 이와 조화가 되도록 색채나 재료, 조리법, 영양 등을 고려하여 다른 요리를 몇 가지 곁들이는 것이 좋은 방법이다. 조선시대의 교자상차림은 건교자, 식교자, 얼교자 등으로 나뉜다.

주식은 냉면이나 온면, 떡국, 만두 중에서 계절에 맞는 것을 내고, 탕, 찜, 전유어, 편육, 적, 회, 채(겨자채, 잡채, 구절판), 그리고 신선로 등을 내놓는다. 김치는 배추김치나 오이소박이, 나박김치, 장김치 중에서 두 가지쯤 마련한다. 후식은 각색편, 숙실과, 생과일, 화채, 차 등을 마련한다.

6) 다과상

주안상이나 교자상에서 나중에 내는 후식상으로, 또는 식사 대접이 아닐 때에 손님에게 차린다. 각색편, 유과, 다식, 숙실과, 생실과, 화채, 차 등을 고루 차린다.

표 2-4 일상식 상차림의 종류와 음식

종 류	음식 이름
죽 상	죽, 마른찬, 나박김치 또는 젓국조치, 소금, 꿀, 설탕, 청장
반상(12첩)	기본음식: 진지, 탕, 조치, 전골, 찜 또는 선, 청장, 초장, 초고추장, 새우젓국, 김치류(배추김치, 동치미, 깍두기) 찬류: 찬구이, 더운고기, 편육, 전유화, 숙채, 생채, 조리개, 장과, 젓갈, 마른찬(자반), 별반 2종(육회, 숙란, 수란)
면 상	국수장국(또는 비빔국수), 찜, 편육, 잡채, 회, 나박김치, 배추김치, 청장, 초장, 새우젓국
떡국상	떡국, 찜, 편육, 배추김치, 청장, 초장
만둣국상	만둣국(또는 편수, 규아상), 편육, 청장, 초장, 새우젓국, 나박김치, 배추김치
주안상	약주, 깻국탕, 마른안주(포, 부각, 자반), 대하찜, 회(갑회, 어선, 어만두, 어채, 어회), 진안주(편육, 녹두지짐, 밀적, 누름적, 화양적), 구절판, 나물, 수란, 젓갈(명란젓, 굴젓), 겨자즙, 새우젓국, 초장, 초고추장, 김치(장김치, 닭김치, 보쌈김치, 오이김치), 각색전골(육류, 채소, 달걀, 참기름, 육수)
교자상(I)	잣죽, 열구자탕(신선로), 편육(양지머리, 제육), 찜, 전유화, 겨자채, 화양적, 회(갑회, 어회), 김치(배추김치, 장김치), 온면, 청장, 초장, 초고추장, 새우젓국, 생실과, 식혜 또는 수정과, 각종 차, 약주, 겨자즙
교자상(II)	깨죽, 영계백숙, 편육, 전유화, 생채, 오이선, 사슬적 또는 어산적, 구절판, 어회 또는 어선, 김치(오이소박이, 닭김치), 냉면, 청장, 초장, 초고추장, 새우젓국, 생실과, 겨자즙, 화채 또는 각종 차, 약주
다과상	유밀과(약과, 매작과, 만두과), 각색다식, 각색강정, 유과, 각색정과, 생실과, 식혜, 수정과, 각종 차, 숙실과(대추초, 밤초, 조란, 율란, 생란)

2. 의례식 상차림

1) 돌상

아기가 태어나서 만 1년이 되면 첫 생일을 축하하는 돌상을 차려주는데 영아 사망률이 높았던 과거에는 첫돌은 큰 의미를 지니는 날이었다. 돌상에는 음식과 각종 물건을 차려 놓는데 남아와 여아가 약간 다르다. 백설기, 수수팥단자, 쌀, 국수, 과일, 돈, 대추, 종이, 붓과 먹 등을 늘어놓고, 남아는 천자문과 활과 화살을, 여아는 천자문 대신 국문을, 활과 화살 대신에 색지, 실패, 자 등의 물건들을 놓는다. 남아에게는 색동저고리, 풍차바지에 복건을 씌우며, 여아에게는 색동저고리, 다홍치마에 조바위를 씌어 돌상 앞에 앉힌 후 돌잡이를 시키는데, 무엇이든 먼저 집는 것으로 앞날의 재주, 부귀, 수명 등을 점쳐 주며 축복한다. 돈은 부귀영화를 뜻하고, 대추는 자손의 번영을 뜻하며, 면은 장수를 뜻한다. 쌀은 식복이 많음을 뜻하며, 책은 문운(文運)을 뜻한다.

2) 큰상

혼례, 회갑, 진갑, 희년, 회혼례를 경축하여 차리는 상차림으로 높이 고이므로 고배상(高排床) 또는 망상(望床)이라 한다.

혼례

혼례상에 진설되는 물건들은 지방이나 가문에 따라 차이가 있으나 일반적으로 다음과 같이 차린다.

사철나무, 대나무, 동백나무를 꽂아 상 좌 · 우로 놓고 촛불을 밝힌 촛대 한 쌍과 함께 닭 한 쌍을 보자기에 목만 나오게 싸서 놓는다. 차리는 음식은 쌀, 팥, 콩, 밤, 대추, 곶감, 삼색과일과 떡을 담고 숭어 한 쌍을 쪄서 신랑 것은 밤을 입에 물리고 신부 것은 대추를 입에 물려 담는다.

혼례식이 끝나면 신랑에게는 큰상을 차려 축하한다. 큰상에는 각색과일, 과자, 어육, 다식, 강정, 전과, 편, 전유어, 적 등을 차린다.

폐백

혼례를 치른 후 신부가 시부모님과 시댁 어른들께 첫 인사를 드리는 것을 폐백이라 하는데 이때 마련하는 음식류는 가정에 따라 다르다. 서울에는 청주, 대추, 육포 등을 가지고 가고, 지방에서는 육포 대신 폐백닭을 가지고 간다. 폐백을 드리면 시부모님은 대추와 생률을 신부의 치마에 던져주며 덕담을 한다.

회갑례

부모의 만 60세 생신에 차려드리는 연회로 혼례상과 같이 고배상을 차린다. 자손들은 회갑을 맞은 부모께 헌주하고 초청한 손님들께 국수장국을 중심으로 음식을 고루 차려 대접한다. 고배상에 차리는 음식의 종류나 위치에 관한 특별한 규정은 없으나 일반적으로 다음과 같은 것들을 차린다.

① 다식 : 밤다식, 녹말다식, 검은깨다식, 송화다식, 콩다식 등
② 당속 : 온당, 옥춘당, 팔보당 등
③ 유밀과 : 매작과, 약과 등
④ 강정 : 깨강정, 매화강정 등
⑤ 생실과 : 사과, 감, 귤, 배, 생률(밤) 등
⑥ 건과 : 은행, 잣, 곶감, 대추, 호두 등
⑦ 정과 : 모과정과, 연근정과, 인삼정과, 도라지정과, 생강정과 등
⑧ 어물 : 문어오림, 어포, 육포, 건전복
⑨ 편육 : 제육, 족편, 양지머리편육, 소머리편육 등
⑩ 적 : 육적, 어적, 봉적(닭다리로 한 것)

3) 제사상

제사는 고인의 기일 전날 지내는 것으로 제상은 가가례라 하여 집집마다 고장마다 진설법이 다를 수 있으므로 형편에 맞게 정성껏 마련하면 된다. 제기는 보통 나무, 유리, 사기로 되어 있으며 동그란 모양의 접시에 6~7cm의 굽이 달려 있는 그릇을 사용한다. 제사 음식은 일반적으로 화려한 색과 심한 비린내 나는 음식은 금기시하며, 통례적인 상차림은 다음과 같다.

젯매

흰 쌀밥은 주발에 가득 담아 뜨거울 때 뚜껑을 덮어 올린다.

탕

탕은 형편에 따라 단탕, 3탕 또는 5탕으로 하는데 주재료를 익힌 후 간을 하지 않고 건더기만 탕기에 담는 것이 원칙이다.

① 3탕 : 육탕(쇠고기), 어탕(어류), 소탕(채소)
② 5탕 : 육탕, 어탕, 소탕, 봉탕(잡고기), 잡탕

적

적은 단적, 3적, 5적으로 한다.

① 3적 : 육적, 어적, 소적(두부)
② 5적 : 육적, 어적, 소적, 봉적, 채소적(도라지, 고사리, 버섯 등)

포

포는 육포, 어포, 건문어, 상어포 등 다양하게 사용하나 가장 보편적인 것은 북어포이며 한 가지를 담거나 몇 가지 포를 함께 담기도 한다.

과

밤, 대추, 곶감, 배, 사과, 호두, 은행, 잣 등 모든 생실과와 건과를 쓸 수 있으나 복숭아는 금기로 되어 있다.

간납

전을 말하며 생선전, 육전, 간전 등을 만든다.

식혜

식혜의 밥알만 건져 제기에 담고 대추로 위를 장식한다.

편

시루떡을 메편, 찰편으로 각각 마련하여 고물을 달리하여 찐다. 편을 크기에 맞추어 썰어서 모지게 고여 담고 메편을 밑에 먼저 놓고 위에 찰편을 놓은 다음 경단, 화전, 주악 등을 웃기로 얹어 장식한다.

침채

고춧가루와 젓갈을 쓰지 않고 무, 배추, 미나리로 나박김치를 담근다.

숙채

백채(도라지, 무), 갈채(고사리), 청채(시금치) 등의 삼색나물을 준비하여 한 접시에 담는다.

진설법

제물을 차리는 위치는 다음과 같다(지내는 사람 기준).

홍동백서(紅東白西) : 붉은 과일(사과, 곶감, 대추 등)은 동쪽, 흰 과일(배, 밤 등)은 서쪽으로 진설한다.

어동육서(魚東肉西) : 적과 생선은 동쪽, 고기는 서쪽에 진설한다.

두동미서(頭東尾西) : 생선은 머리쪽이 동쪽, 꼬리쪽이 서쪽으로 향하게 진설한다.

좌포우혜(左脯右醯) : 포는 왼쪽, 식혜는 오른쪽에 진설한다.

병동면서(餠東麵西) : 떡은 동쪽, 국수는 서쪽에 진설한다.

CHAPTER

3 한식 코스상차림

3 한식 코스상차림

코스상차림은 전통의 한상차림으로 인해 발생하는 음식의 남용을 억제하는 차림법으로 찬 음식은 차게, 뜨거운 음식은 뜨겁게 바로 대접할 수 있도록 한국음식의 세계화를 위해 우리 음식을 서양음식과 같이 코스상차림으로 바꾸어 놓은 것이다.

1. 코스상차림의 정의 및 개요

시대의 흐름에 따라 음식을 통한 문화의 교류는 자연스럽다고 할 수 있다. 세계 각국의 관습이 다르듯이 각국 국민의 기호, 식습관이 다르다. 그러므로 우리 음식을 널리 소개하기 위해서는 먼저 기호에 맞도록 조리하여 먹을 수 있도록 해야 할 것이다. 따라서 조리법, 양념과 고명의 사용, 접대하는 방법 등이 폭넓게 연구되어야 한다.

따라서 우리나라의 한상차림을 서양의 코스상차림에 맞추어 세계화를 모색해 보고자 한국음식의 코스상차림으로서의 구성을 이 장에서 제안하고자 한다.

고려해야 할 몇 가지 사항은 다음과 같다.

① 품질이 우수하며 한국음식에서 특징적인 재료를 쓴다.
② 각 식품의 고유한 향미를 살릴 수 있도록 한다.
③ 색깔 조화가 잘 되도록 식품과 조리법을 선택하며 자연색을 살리도록 한다.
④ 마늘, 생강, 고추, 고추장, 된장 등 독특하거나 자극적인 것을 많이 넣어 맵고 짜게 하지 말며 식탁에서 개인이 조절할 수 있도록 한다.

⑤ 음식을 담는 그릇은 전통 식기류를 사용하는 것이 좋다.
⑥ 접대방법에 따라 조리방법을 다양하게 계획하며, 조리방법에 따라 음식의 크기와 모양을 다르게 한다.
⑦ 위생적이며 깨끗하게 조리한다.

이러한 고려사항에 따라 조리한 음식의 제 맛을 살리기 위해서는 서빙방법이 중요하다.

2. 코스상차림의 식단 작성 원칙

반상이나 교자상의 경우 양식 정찬차림에 대응하는 순서로 코스상차림을 구성할 수 있다. 코스상차림은 표 3-1과 같이 대치해 볼 수 있다.

표 3-1 서양조리의 정식 코스상차림에 따른 한국음식의 예

서양요리 코스	한국음식의 예
애피타이저(appetizer)	견과류, 포
수프(soup)	탕, 전골
생선(fish)	전유어, 찜
앙트레(entree)	구이, 찜, 적
샐러드(salad)	생채, 숙채
후식(dessert)	떡, 과정류
음료(beverage)	차, 화채

밥은 탕이나 전골에 이어 나오며, 찬이 될 수 있는 김치, 마른 찬, 종지, 소금, 후춧가루는 미리 차려 놓는다. 자리접시는 사람이 앉을 위치에 놓고 오른편으로 탕, 수저의 순으로 놓이게 되며 수저 위쪽으로 물컵이 놓인다. 냅킨은 접어서 자리접시 위나 수저 옆에 놓는다.

곁들이의 경우, 주류는 양식 만찬의 경우 쉐리, 생선에는 흰 포도주, 육류에는 붉은 포도주, 샴페인이 제공된다. 근래에는 다양한 전통주가 있으므로 한국음식도 식단에 따라서 주류를 정하고 상에 잔을 미리 차려 놓도록 한다. 접대되는 음식을 그릇째 자리접시 위에 놓아 식사가 끝났을 때 음식그릇만 치우도록 하여 자리접시를 계속해서 사용할 수 있게 한다.

식사가 끝나면 그릇을 전부 치우고 후식을 대접한다. 후식도 케이크나 커피보다는 떡이나 한과를 준비하여 내도록 하는 것이 좋다. 차의 향기가 강한 것이나 인삼차를 좋아하지 않은 경우도 있으므로 기호에 맞는 것을 내도록 고려하며 계절에 맞는 화채를 시원하게 해서 접대하는 것도 좋겠다.

반상차림의 접대가 아닌 교자상이나 뷔페상차림의 경우에도 위와 같이 기호와 조리법, 담는 방법을 고려하여 식단을 계획하면 좋다.

표 3-2 양식 순서에 따른 음식의 종류

<table>
<tr><th>양식순서</th><th>대응하는 한국음식</th><th>음식명</th><th>비 고</th></tr>
<tr><td rowspan="2">애피타이저 (appetizer)</td><td>죽</td><td>잣죽, 호두죽, 땅콩죽, 은행죽, 깨죽</td><td rowspan="2">호두죽은 서양인에게 무리가 없으며, 은행죽은 일본인에게, 깨죽은 동남아인에게 잘 어울린다.</td></tr>
<tr><td>견과류</td><td>잣, 호두볶음, 생률</td></tr>
<tr><td>수프 (soup)</td><td>탕</td><td>완자탕, 무맑은장국, 두부맑은장국, 신선로, 쇠고기전골, 만둣국, 편수</td><td>건더기가 많지 않도록 하며 국의 가니쉬로 생각하여 작은 모양으로 만들어 조금만 넣는다.</td></tr>
<tr><td rowspan="2">생선 (fish)</td><td>전유어</td><td>새우전유어, 민어전유어, 대구전유어</td><td rowspan="2">초간장, 소금, 후춧가루 등을 곁들이도록 하며 생선을 즐겨하지 않는 사람도 있으므로 독특한 냄새가 많이 나지 않게 하고 질감도 고려하여 재료를 선택한다.</td></tr>
<tr><td>찜</td><td>어쌈, 어육찜, 대합찜, 대게찜, 꽃게찜</td></tr>
<tr><td rowspan="4">앙트레 (entrée)</td><td>구이</td><td>불고기구이, 갈비구이, 너비아니구이, 닭구이, 생선구이</td><td rowspan="4">주로 수·조·육류를 사용하게 되며 생선의 기호도가 높은 경우 어패류를 사용해도 되나 french service를 하여 따뜻하게 즉시 제공해도 좋다.</td></tr>
<tr><td>찜</td><td>갈비찜, 닭찜</td></tr>
<tr><td>적</td><td>떡산적, 섭산적</td></tr>
<tr><td>전</td><td>녹두부침</td></tr>
<tr><td rowspan="2">샐러드 (salad)</td><td>생채</td><td>겨자채, 깨즙채, 닭냉채</td><td rowspan="2">서양음식의 경우 entrée에 익힌 채소를 곁들이는데, 우리 음식의 경우 이 순서에 주로 생채를 내고 숙채는 미리 식탁에 차려낼 수 있다. 함께 제공하는 소스는 너무 자극적이지 않게 한다.</td></tr>
<tr><td>숙채</td><td>탕평채, 잡채, 나물</td></tr>
</table>

(계속)

양식순서	대응하는 한국음식	음식명	비 고
후식 (dessert)	편	꿀편	여러 가지 과일을 폭넓게 선택할 수 있으나 한과류를 한 가지 또는 여러 가지를 담아 내어 소개하는 것이 바람직하다.
	과정류	화전, 밤단자, 약식, 약과, 깨다식, 땅콩강정, 검은깨강정, 밤초	
	생실	계절과일	
음료 (beverage)	차	유자차, 모과차, 귤차, 인삼차, 수정과	향기가 너무 독특하지 않는 것으로 하며, 차는 특히 기호를 고려해서 내도록 한다.
	화채	모과화채, 배화채, 오미자화채, 딸기화채, 포도화채	

3. 코스상차림의 식단의 예

1) 호텔 및 한정식 식당의 식단

표 3-3 한정식 식당 I 의 메뉴 비교

코스	조리법	메뉴 A	메뉴 B
애피타이저 (appetizer)	죽 견과류	호박죽	호박죽
생선(fish)	전유어 구이 찜	은대구양념구이	새우 전유어
가금류 (poultry)	구이 찜 적	닭찜	닭구이
고기(meat)	구이 찜 적	갈비구이	갈비찜
채소 (vegetable)	생채 숙채 전	삼색밀쌈	삼색밀쌈
기본 찬(side dishes) 밥 또는 면(rice or noodles) 수프(soups)	기본 찬 밥 또는 면 탕	김치, 생표고버섯나물, 연근조림, 두부조림, 호박새우젓찜 진지, 만둣국 신선로	배추김치, 참나물, 연근조림, 두부조림 진지, 만둣국 신선로
후식과 음료 (dessert and beverage)	편/과정류 음료 생실	꽃편 수정과 과일	화전 식혜 과일

표 3-4 한정식 식당II의 메뉴 비교

양식순서 조리법	조리법	메뉴 A	메뉴 B	메뉴 C	메뉴 D	메뉴 E
애피타이저 (appetizer)	죽 견과류	죽	죽	죽	죽	죽
생선(fish)	전유어 구이 찜 회	연어선알말이 장어구이 전복요리 대하요리, 계절생선요리	장어구이 전복요리, 대하요리, 계절생선요리, 생선회 무침 혹은 석화	전유화 왕새우요리 생선회 무침 혹은 석화, 패주요리	전유화 왕새우요리 생선회 무침 혹은 석화, 생선요리	전유화 해물꼬치 생선회 무침 혹은 석화
고기(meat) & 가금류(poultry)	구이 찜 적 전 회	갈비구이 개성식 인삼 꼬리찜 육회	갈비구이	갈비구이 개성순대, 제육보쌈	갈비구이 개성순대, 제육보쌈	개성순대, 제육보쌈 개성식꼬리찜 쇠고기편채
채소 (vegetable)	생채 숙채 전 적 튀김	청포묵, 7색 겨자채, 양상 추들깨소스 무침 구절판, 개성나물	청포묵, 7색 겨자채, 양상 추들깨소스 무침 구절판, 개성나물, 새송이구이	청포묵, 5색 겨자채, 양상 추들깨소스 무침, 팽이버 섯미역말이 구절판, 개성나물 채소튀김	청포묵, 5색 겨자채, 양상 추들깨소스 무침 구절판, 개성나물 채소튀김	청포묵, 5색 겨자채, 양상 추들깨소스 무침 개성나물 산적류
기본 찬 (side dishes) 밥 또는 면(rice or noodles) 수프(soups)	기본 찬 밥 또는 면 탕	물김치, 개성보쌈김치 대나무밥 조개탕, 은신선로, 누룽지탕	물김치, 개성보쌈김치 대나무밥 조개탕, 은신선로, 누룽지탕	물김치, 개성보쌈김치 대나무밥 조개탕, 은신선로	물김치, 개성보쌈김치 대나무밥 누룽지탕, 신선로	물김치 대나무밥 누룽지탕, 전골
후식과 음료 (dessert and beverage)	편 과정류 생실 차	두텁떡 개성약과, 계절별 한과 계절과일, 수삼채 수정과 혹은 매실화채	두텁떡 개성약과, 계절별 한과 계절과일, 수삼채 수정과 혹은 매실화채	두텁떡 개성약과, 계절별 한과 계절과일, 수삼채 수정과 혹은 매실화채	두텁떡 개성약과, 계절별 한과 계절과일, 수삼채 수정과 혹은 매실화채	두텁떡 개성약과, 계절별 한과 계절과일, 수삼채 수정과 혹은 매실화채

표 3-5 호텔의 한정식 식당의 메뉴 비교

코스	조리법	메뉴 A	메뉴 B	메뉴 C	메뉴 D	메뉴 E	메뉴 F	메뉴 G
애피타이저(appetizer)	죽 견과류	죽	죽	죽	죽, 전채	죽, 전채	죽, 전채	죽, 전채
생선(fish)	전유어 구이 찜 회	전유어 어패류구이	전유어	전유어 생선구이	관자, 새우, 바닷가재살		관자, 새우, 바닷가재살, 계절생선	
고기(meat) & 가금류(poultry)	구이 찜 적 전	갈비구이	갈비구이	사태찜	한우안심, 한우등심, 양념갈비	한우안심, 한우생등심, 양념갈비		안심구이, 등심구이, 양념갈비
채소(vegetable)	생채 숙채 전 적	생채소 구절판, 해물잣즙 무침	생채소 구절판, 해물잣즙 무침	계절냉채, 해물잣즙 무침				
기본 찬(side dishes) 밥 또는 면(rice or noodles) 수프(soups)	기본 찬 또는 면 탕	기본 찬 진지 또는 만둣국 탕, 신선로	기본 찬 진지 또는 만둣국 탕, 신선로	기본 찬 진지 찌개	진지 또는 면류 된장조치	진지 또는 면류 된장조치	진지 또는 면류 된장조치	기본 찬 진지 또는 면류 된장조치
후식과 음료(dessert and beverage)	편 과정류 생실 차	후식	후식	후식	후식	후식	후식	후식

표 3-6 호텔의 한정식 식당의 메뉴 비교

코스	조리법	메뉴A	메뉴 B	메뉴 C	메뉴 D
애피타이저 (appetizer)	죽 견과류	특선죽	특선죽	특선죽	특선죽
생선(fish)	전유어 구이 찜 회	전유어 생선구이 전복찜 초회	전유어 생선구이 전복찜 초회	전유어 대하찜 어회	전유어
고기(meat) & 가금류(poultry)	구이 찜 적 회	갈비구이 육회	너비아니 갈비찜 산적	너비아니 갈비찜	너비아니 갈비찜
채소 (vegetable)	생채 숙채 전	인삼요리 구절판, 겨자채	구절판, 겨자채	겨자채, 밀쌈	겨자채, 밀쌈
기본찬 (side dishes) 밥 또는 면(rice or noodles) 수프(soups)	기본찬 밥 또는 면 탕	기본 반찬 진지 궁중신선로, 탕	기본 반찬 진지 신선로, 탕	기본 반찬 진지 신선로, 탕	기본 반찬 진지 신선로, 탕
후식과 음료 (dessert and beverage)	편 과정류 생실	후식 차	후식 차	후식 차	후식 차

2) 한국음식의 세계화를 위한 코스상차림 제안

'5' 코스상차림

한상에 차려 나가는 차림법을 개선하고 지나치게 많이 차려져서 낭비되는 것을 보안하고자 '5' 코스상차림에는 입맛 돋우는 음식 → 채소음식 → 어패류나 육류가 주된 음식 → 주식 및 국물음식과 기본 반찬 → 후식과 음청류의 순서로 서비스하여 질리지 않고 음식의 맛을 즐길 수 있도록 메뉴를 구성하였다.

표 3-7 '5' 코스상차림의 예시

	메뉴 1	메뉴 2
'5' 코스 요리	타락죽 양송이피망볶음 콩부침 오색불고기 대합구이	밀쌈 해물겨자생채 닭양념구이 감자전 섭산적
기본음식(밥 또는 면, 찬)	배추김치, 밥, 미역홍합국	만둣국, 부추깍두기
후식	식혜, 송편	수정과, 삼색경단

'7' 코스상차림

우리나라 '7' 코스상차림에는 입맛 돋우는 음식(죽, 냉채), 채소음식(숙채, 생채) → 큰접시음식(생선, 육류의 전, 구이, 찜 중 1개씩) → 기본 찬과 주식 → 후식의 순서로 메뉴를 구성하였다.

표 3-8 '7' 코스상차림의 예시

	메뉴 1	메뉴 2
'7' 코스 요리	무말이강회 삼계선 수삼채 머위대나물 전복찜 갈비구이 버섯산적	채소진미죽 쇠고기채소말이 겨자채 느타리버섯나물 대하찜 떡갈비구이 섭산삼
기본음식(찬과 밥 또는 면)	삼색나물, 오이소박이, 밥, 시금치된장국	편수, 명란젓, 보쌈김치
후식	유자차, 삼색단자	오미자화채, 약과

기타 상차림의 예시

이상의 메뉴 배열은 다음의 코스 요리 예들을 중심으로 '5' 코스 내지 '7' 코스를 각자 계절과 가격 및 기호에 맞게 구성해 볼 수 있다.

① **입맛 돋우는 음식**(appetizers, hors d'oeuvre)

입맛을 돋우는 음식으로 서양음식의 오드볼과 애피타이저에 해당하는 음식으로 죽을 비롯하여 여러 가지 음식을 이용할 수 있다. 타락죽, 채소진미죽, 오이선, 밀쌈, 무말이강회, 매듭자반, 호두튀김, 섭산삼, 육쌈, 색편육, 삼계선, 쇠고기채소말이 등이 있다.

② **채소음식**(salads and vegetables)

생채, 숙채, 냉채 또는 채소음식으로 구성할 수 있다.

- 숙채 : 숙주채, 머위대나물, 고구마줄기볶음, 양송이 피망볶음, 셀러리볶음, 해물잡채, 청경채나물, 표고버섯 볶음, 느타리버섯나물
- 생채 및 냉채 : 겨자채, 닭냉채, 해물잣즙채, 수삼채, 노각생채, 도라지생채, 해물겨자생채

③ **큰접시음식**(beef, poultry, fish and shellfish main dishes)

생선과 육류를 순서대로 제공하거나 한 가지 종류를 제공할 수 있다.

- 생선 : 해삼전, 북어전, 대합구이, 전복찜, 패주산적, 대하찜, 메로구이
- 육류 및 가금류 : 닭양념구이, 섭산적, 갈비구이, 사슬적, 오색불고기, 제육구이, 떡갈비구이, 우설찜, 사태편육, 닭고기볶음
- 기타 : 두부전, 피망전, 생감자부침, 부추전, 브로콜리전, 연근전, 새우살애호박전, 콩부침, 버섯산적, 더덕구이, 섭산삼, 가지선

④ **주식음식**(rice and noodles)

흰밥, 찰밥, 영양솥밥, 국수장국, 편수

⑤ **국물음식**(soups)

대합탕, 미역홍합국, 모시조개탕, 시금치된장국, 해물된장찌개, 어알탕, 냉콩국, 꽃게탕, 임자수탕, 콩비지찌개, 애호박젓국찌개, 게감정

⑥ **기본 반찬**(side dishes)

배추김치, 열무물김치, 오이소박이, 보쌈김치, 부추깍두기, 명란젓, 버섯장아찌, 무장아찌, 오이장아찌, 버섯장아찌, 미역자반, 우엉조림, 다시마조림, 콩조림, 돼지고기사태조림

무말이강회 Wrapped Pickled Radish

재료 및 분량

무	150g
오이	1/2개
표고버섯	1개
셀러리	50g
당근	20g
무순	10g
팽이버섯	1/3봉

무 양념

소금	1작은술
설탕	1큰술
식초	1큰술
물	1/2컵

속 양념

소금	1/2작은술
설탕	1작은술

조리 방법

1 무는 직경 7cm, 두께 0.1cm로 얇게 떠서 무 양념물에 담가 놓는다.

2 오이는 4×0.1×0.1cm로 곱게 채썬다.

3 표고는 따뜻한 물에 불려서 기둥을 따내고 가늘게 채썬다.

4 셀러리, 당근도 오이와 같은 크기로 채썬다.

5 (2), (3), (4)를 섞어 소금, 설탕을 넣고 간을 맞춘다.

6 (1)의 무를 물기를 짜서 펼쳐 놓고 (5)를 가지런히 놓고 무순과 팽이버섯을 올려 원추형이 되도록 만다.

패주전 Pan Fried Scallop

재료 및 분량

재료	분량
패주	100g
소금	1/4작은술
후춧가루	1/16작은술
달걀	1개
밀가루	3큰술
실파	10g
식용유	1큰술

조리 방법

1 패주는 내장을 떼어 내고 손질한 뒤 둥근 모양을 살려 3~4등분으로 포를 뜬다.

2 (1)의 재료에 소금과 후춧가루를 약간 뿌린다.

3 달걀을 깨뜨려서 잘 풀어 놓고, 실파는 송송 썰어 놓는다.

4 (2)의 패주에 밀가루를 묻히고, 여분의 밀가루는 털어 낸다.

5 (4)에 달걀옷을 입혀서 달궈진 팬에 한쪽 면을 지지고 뒤집어 위에 고명을 올려 지진다.

닭냉채 Seasoned Chicken and Vegetables

재료 및 분량

재료	분량
닭	250g
양파	50g
당근	20g
오이	80g
피망	50g
깐 밤	20g
대추	10g
닭 양념	
소금	1/2작은술
마늘즙	1작은술
생강	1/2작은술

겨자 냉채 소스	
마요네즈	3큰술
갠겨자	2작은술
식초	1큰술
설탕	1큰술
소금	1작은술
후춧가루	1/8작은술

조리 방법

1. 닭은 깨끗이 씻어 소금, 생강즙을 묻혀 20여 분간 쪄서 살만 결대로 뜯어 놓는다.
2. 양파, 당근, 오이, 피망은 손질하여 4×0.7×0.2cm의 골패형으로 썬다.
3. 깐 밤은 굵게 채썰고, 대추는 돌려깎아 길이로 3등분한다.
4. 겨자는 따뜻한 육수로 개어 익혀서 마요네즈와 섞어 식초, 설탕, 소금, 마늘, 후춧가루를 넣고 간을 맞추어 소스를 만든다.
5. (1)의 닭살과 (2), (3)의 재료를 혼합하여 (4)의 겨자 냉채 소스로 버무린다.

만둣국
Dumpling Soup

재료 및 분량

재료	분량
밀가루	1/2컵
소금	1/8작은술
물	2큰술
쇠고기(양지)	50g
두부	50g
숙주	30g
배추김치	50g
달걀	1개
미나리	20g
산적꼬치	1개
양념	
다진 파	1작은술
다진 마늘	1/2작은술
소금	1/2작은술
후춧가루	1/8작은술
깨소금	1/8작은술
참기름	1/8작은술
육수	2컵
간장	1/8작은술
소금	1/8작은술

조리 방법

1 밀가루를 소금물로 반죽하여 젖은 행주를 덮어 둔다.

2 쇠고기는 곱게 다지고 일부는 육수를 만든다.

3 두부는 물기를 짜서 으깨고, 숙주는 소금물에 데쳐 다진다. 김치도 곱게 다져서 물기를 짠다.

4 쇠고기, 두부, 숙주, 김치를 합하여 다진 파, 다진 마늘, 소금, 후춧가루, 깨소금, 참기름으로 양념하여 고루 섞어 소를 만든다.

5 밀가루 반죽을 밀대로 밀어 얇고 둥글게 지름 6~7cm 만두피를 만들어 소를 넣고 접어서 양끝을 맞붙여 둥근 만두를 만든다.

6 달걀은 황백으로 나누어 도톰하게 지단을 부친다.

7 미나리의 잎을 다듬어 버리고 줄기를 꼬치에 꿰어 달걀물을 묻히고 밀가루옷을 입힌 다음 지진다.

8 (6), (7)을 사방 2cm의 마름모꼴로 썬다.

9 육수를 끓여 소금과 간장으로 간을 하여 만두를 넣어 떠오르면 국물과 같이 그릇에 담고 고명을 얹어 낸다.

삼계선
Rolled Minced Chicken

재료 및 분량

닭고기	300g
두부	80g
인삼	100g
대추	10개
양념	
소금	1/2작은술
다진 파	1작은술
다진 마늘	1/2작은술
다진 생강	1/4작은술
참기름	1/2작은술
깨소금	1작은술
후춧가루	1/8작은술

조리 방법

1 닭은 살을 발라 내어 곱게 다지고, 두부는 물기를 빼고 다져 놓는다.

2 인삼은 깨끗이 씻어서 잔뿌리는 떼어서 다지고, 큰 뿌리는 겉껍질을 벗겨 놓는다.

3 대추는 젖은 행주로 닦아 내고 씨를 발라 살만 벗겨 놓는다.

4 (1)과 (2)의 다진 잔뿌리를 고루 섞어 갖은 양념을 하여 둔다.

5 (3)으로 인삼을 싸 놓는다.

6 김발 위에 비닐을 놓고 (4)를 0.3cm 두께로 고르게 편 후 (5)를 가운데 놓고 김밥 말듯이 만다.

7 김이 오른 찜통에 (6)을 얹어 10여 분 쪄낸 다음 식으면 썰어 접시에 담는다.

돼지고기 사태조림

Braised Pork Fore Shank

재료 및 분량

돼지고기(사태)	300g
된장	2작은술
물	3컵
메추리알	5개
표고버섯	2개
양념	
대파	20g
통마늘	8쪽
생강	5g
양파	30g
건고추	2개
간장	3큰술
설탕	2큰술
물	1 1/2컵
청주	1큰술
참기름	1작은술
깨소금	2작은술

조리 방법

1 돼지고기는 기름을 제거한 후 잠시 물에 담가 핏물을 뺀다.

2 메추리알은 10분 정도 삶아 껍질을 벗겨 놓는다.

3 버섯은 뜨거운 물에 담가 기둥을 떼내고 손질하여 씻어 놓는다.

4 적량의 물에 된장을 풀어 물이 끓으면 (1)을 넣어 속까지 완전히 삶아 낸다.

5 간장, 설탕, 물을 고루 섞고 나머지 향미채소(대파, 통마늘, 생강, 양파, 건고추)를 넣어 조림장을 만든다.

6 (5)에 (4)의 고기를 넣고 처음에는 센불에서 끓이다가 끓기 시작하면 중불에서 서서히 속까지 양념이 배어 나도록 졸인다.

7 (6)이 반 정도 국물이 남았을 때 (2), (3)의 재료를 넣어 졸인다.

8 다 졸여지면 참기름, 깨소금을 넣어 뒤적거린 다음 접시에 담는다.

해물겨자냉채
Seafood with Mustard Sauce

재료 및 분량

재료	분량
오징어 몸살	1/2마리
차새우	3마리
깐 소라살	1개
오이	1/2개
셀러리	1/2줄기
밤	2개
방울토마토	3개
대추	3개
잣가루	1큰술
겨자 소스	
마요네즈	4큰술
갠겨자	2작은술
식초	1큰술
설탕	1큰술
소금	1작은술

조리 방법

1 오징어 몸통은 0.2cm 간격으로 칼집을 넣어 끓는 물에 데친 후 4×0.8cm의 골패형으로 썬다.

2 차새우는 찜통에 쪄서 껍질을 벗겨 등쪽으로 내장을 제거한다.

3 소라는 손질하고 모양을 살려서 0.2cm 두께로 편썰기한다.

4 오이는 4cm 길이로 썰고 삼각썰기하여 씨를 빼서 골패형으로 썬다.

5 셀러리는 껍질을 벗겨 오이와 같은 길이로 썰고, 방울토마토는 꼭지를 딴다.

6 밤은 껍질을 벗겨 0.2cm 두께로 썰고, 대추는 씨를 빼고 2~3등분한다.

7 겨자 소스를 준비하고, 잣은 다진다.

8 (1)~(3)의 재료를 겨자 소스로 버무린 후 (4)~(6)의 준비된 채소와 섞는다.

9 (8)을 접시에 담은 후 잣가루를 뿌린다.

콩전 Soybean Pancake

재료 및 분량

재료	분량	양념	분량
흰콩	1/2컵	소금	1작은술
불린 쌀	1/4컵	다진 파	2작은술
물	1/2컵	다진 마늘	1작은술
돼지고기(목살)	50g	생강즙	1/8작은술
실파	2대	참기름	1작은술
식용유	2큰술	깨소금	2작은술
		후춧가루	1/8작은술

조리 방법

1 쌀은 씻어서 불린 다음 곱게 갈아 놓는다.

2 콩은 깨끗이 씻어 물에 불린 다음 비벼 씻어 껍질을 벗긴다.

3 돼지고기는 다져서 양념하고, 실파는 1cm 크기로 썬다.

4 (2)를 믹서에 갈아서 (1), (3)과 함께 섞어 간을 맞춘다.

5 달궈진 팬에 기름을 두르고 (4)를 지름 6cm 크기로 떠 놓고 노릇노릇하게 지져 낸다.

쇠고기두부조림 Braised Beef and Soybean Curd

재료 및 분량

두부	1모
다진 쇠고기	80g
건표고버섯	2장
미나리	1/2단
소금	1/2작은술
녹말가루	4큰술
식용유	3큰술
버섯·쇠고기 양념장	
간장	1/2작은술
깨소금	1작은술
참기름	1/2작은술
후춧가루	1/8작은술
조림장	
간장	1큰술
설탕	2작은술
다진 마늘	1작은술
다진 파	2작은술
후춧가루	1/4작은술
참기름	1/2작은술
물	2/3컵

조리 방법

1 두부는 5×3.5×0.5cm로 네모지게 썰어 물기를 제거하고 소금을 뿌려 둔다.

2 표고버섯은 미지근한 물에 부드럽게 불려 기둥을 뗀 후 채썰어 다시 잘게 다진다.

3 다진 쇠고기와 다진 표고버섯을 합해 간장, 후춧가루, 깨소금, 참기름을 넣고 조물조물 주물러 간이 배게 잠시 둔다.

4 미나리는 잎을 떼고 연한 줄기만 준비해 끓는 물에 데친 후 찬물에 헹구어 물기를 꼭 짠다.

5 팬에 식용유를 넉넉히 두르고 뜨겁게 달궈지면 녹말가루 입힌 두부를 얹어 중불에서 노릇하게 지져 내어 채반에 식힌다. 식으면 지진 두부의 한 면에만 녹말가루를 얇게 묻힌다.

6 녹말가루 입힌 면에 양념한 (3)을 얇게 고루 펴 바른 후 다시 녹말가루 입힌 두부를 올린다. 두부 사이에 고기가 잘 붙도록 살짝 누른 후 데친 미나리로 가운데를 묶어 조리는 동안 두부 사이로 고기가 빠져 나오지 않게 한다.

7 밑이 넓은 냄비에 조림장 재료를 넣고 불에 올린다. 조림장이 끓으면 두부를 가지런히 넣어 약불에 서서히 조린다.

CHAPTER 4

뷔페상차림

4 뷔페상차림

뷔페상차림은 많은 사람들이 자신이 원하는 음식을 다양하게 즐길 수 있으므로 세계적으로 널리 이용되는 상차림이다. 손님의 연령, 직종, 모임의 성격 및 기호도에 따라 음식을 준비해야 하며, 서비스는 대부분 셀프 서비스이므로 인건비가 절약되는 장점이 있다.

1. 뷔페상차림의 정의 및 개요

뷔페(buffet)란 프랑스어로 식기장 또는 배선대를 말하며 이곳을 이용해서 방을 넓게 사용한 것에서 비롯한 상차림으로, 바이킹의 후예인 스칸디나비아 지방의 풍습에서 유래하였다는 주장이 유력하다. 스웨덴 사람들은 뷔페를 '스모르가스보르드'라고 부르는데, 집에서 만든 음식을 펼쳐 놓고 손님들을 초대한 데서 나온 것이다. 좁은 장소에서 격식을 갖추지 않고 많은 손님을 치를 수 있기 때문에 오늘날 세계적으로 널리 이용하고 있다. 제2차 세계대전 후 널리 퍼져 현재에는 호텔이나 기차 식당에도 뷔페식이 많다. 식단에서나 상차림 등에 일정한 규칙은 없으나, 대체로 찬 음식 → 따뜻한 음식 → 후식의 순서이다.

뷔페상차림은 여러 큰 그릇에 음식을 담고 접시와 수저 · 포크 · 냅킨을 따로 놓아 손님이 자신이 먹고 싶은 대로 덜어 먹을 수 있도록 하는 형태로, 여러 사람들이 좁은 장소에서 서비스해 주는 사람 없이도 식사가 가능하므로 많은 사람에게 정식상을 준비하기 어려울 때나 손님의 수를 확실히 모를 때 편리하다.

뷔페상차림은 더운 음식(hot meal)과 찬 음식(cold meal)을 같이 낼 수 있으며, 준비된 테이블에 음식을 큰 쟁반이나 접시에 담아 놓고 스푼과 tong을 준비하여 고객이 적당량을 각자 덜어서 식사할 수 있도록 준비한다.

뷔페상차림의 장점은 다음과 같다.

① 음식을 미리 준비하여 차려 놓으므로, 시간이 절약된다.
② 서비스가 대부분 셀프서비스(self service)이므로, 인건비가 적게 든다.
③ 비교적 저렴한 가격으로 다양한 음식을 즐길 수 있다.
④ 좌석 회전이 빠르므로 매출을 높일 수 있다.
⑤ 한식, 양식, 일식, 중식 등 여러 종류의 음식을 준비할 수 있으므로 고객의 욕구를 다양하게 반영할 수 있다.
⑥ 식품재료의 재고 활용이 쉽다.

2. 뷔페상차림의 종류

뷔페는 일반적으로 테이블과 의자의 배치에 따라 착석 뷔페(sit down buffet)와 입식 뷔페(standing buffet)로 나눈다. 또한 레스토랑에서 주로 이용되는 오픈 뷔페(open buffet)와, 연회행사 등에 활용되는 클로즈 뷔페(close buffet)가 있다. 연회에서 주로 이용되는 클로즈 뷔페는 예약자의 수에 맞추어서 준비하므로 음식의 종류나 양이 제한적이다.

1) 착석 뷔페(sit down buffet)

고객이 원하는 음식을 가져다가 테이블에 앉아서 식사하는 형태로 편안하게 음식을 먹을 수 있도록 테이블에 수저나 포크, 나이프, 컵, 냅킨 등을 준비한다. 뷔페가 시작되면 음식 전부를 제공하는 것보다는 일정량만을 내놓고, 음식을 자주 채워주는 것이 좋다.

2) 스탠딩 뷔페(standing buffet)

테이블과 의자를 배치할 수 없을 정도로 공간이 비좁은 경우에 적합한 형태로 한손에 접시를 들고, 서서 대화를 하며 음식을 먹는 뷔페이다. 서서 음식을 먹는 것이 원칙이나, 경우에 따라 연회장 한쪽에 의자만을 배열하기도 한다.

3) 조식 뷔페(breakfast buffet)

식당에서 고객의 아침식사를 위해서 준비하는 뷔페로 여러 가지 다양한 음식과 음료 등을 준비한다. 양식에는 아메리칸, 컨티넨탈, 콤비네이션 스타일의 뷔페가 있다. 조식 뷔페는 부드럽고, 소화가 잘 되며 자극이 적은 음식으로 구성하는 것이 좋다. 호텔의 조식 뷔페는 점점 증가하는 추세로, 한식 조식은 밥, 국, 생채, 숙채, 구이 등 다양한 조리법의 음식들로 구성되며, 아메리칸 스타일 조식 뷔페의 음식 구성은 각종 빵, 버터, 잼류, 시리얼, 곡류음식, 햄, 소시지, 달걀, 치즈, 생과일, 과일주스 등이 주로 제공된다.

4) 간이 뷔페(finger buffet)

결혼 리셉션(wedding reception)이나 세미나 등의 손님의 정보교환이나 움직임이 많은 모임에 적합한 뷔페로, 포크나 젓가락 등이 없어도 먹을 수 있도록 음식을 한입 크기(bites sized pieces)의 핑거푸드로 준비하여 제공한다.

5) 테이블 뷔페(table buffet)

테이블 뷔페의 특징은 음식 테이블을 따로 두지 않고, 메뉴에 따른 적정량의 음식을 작은 용기(platter)를 사용하여, 종류별로 고객의 테이블에 직접 마련하는 것이다. 고객은 음식을 가지러 갈 필요 없이 앉은 자리에서 식사할 수 있으므로 일반 뷔페보다 격식 있고 정중한 모임에 이용된다.

6) 가정 뷔페(buffet in the house)

가정 뷔페는 집에서 테이블에 음식을 차려 놓고 손님을 접대하는 것이다. 큰 방에 테이블을 놓고 음식을 진열하면, 초대 받는 손님이 기호에 맞게 음식을 골라서 테이블과 의자가 있는 인접한 방으로 가서 식사할 수 있게 하는 것이다. 집들이, 생일파티, 돌, 백일 등의 가정행사에 다양하게 이용된다.

3. 뷔페상차림의 원칙

① 처음부터 테이블에 놓이는 것을 고려하여 식거나 시간이 지나도 색이나 맛이 변하지 않는 것을 택한다.

② 여러 사람이 나누어 먹기 좋은 음식을 선택한다.

③ 더운 음식을 제공할 때는 계속적으로 보온해 줄 수 있는 기구가 필요하다.

④ 젓가락만으로 먹을 수 있는 조리법이 용이하다.

⑤ 한입 크기로 썰어서 제공하는 것이 좋다.

⑥ 손님의 연령, 직종, 모임의 성격, 기호도에 따라 준비하는 음식의 양이 달라야 한다.

⑦ 테이블은 입구에서 먼 벽쪽으로 두고 손님이 덜어 먹을 수 있게 차린다.

⑧ 주된 음식이 시작되는 곳에 고객 수의 2배 정도의 개인용 접시를 놓는다.

⑨ 죽, 생채류, 육・어류, 채소류, 김치류, 밥의 순서로 놓는다.

⑩ 후식은 별도로 차려 놓거나 테이블에서 주가 되는 요리의 순서가 끝난 다음에 차려 놓는다.

⑪ 테이블의 큰 접시에는 덜어갈 수 있는 공동 수저가 준비되어야 한다.

⑫ 직접 조리과정을 거쳐야 하는 음식은 한쪽 코너로 분리시켜 한 사람이 담당하여 음식을 제공한다.

⑬ 뷔페상차림에서의 꽃은 중간에 낮게 꽂는다.

⑭ 뷔페상차림에 적당한 조리법은 찜, 전, 구이, 적, 조림, 생채, 숙채를 주된 음식으로 하고, 후식으로는 편, 한과, 생과일, 화채 등이 어울린다.

4. 뷔페에서의 식탁 예절

① 참석하는 사람은 식사를 시작하게 되면, 먼저 개인용 접시를 들고 원하는 음식을 공동 수저를 이용해 담는다.

② 한꺼번에 너무 많이 담지 말고, 조금씩 여러 번 담아 먹는 것이 좋다.

③ 접시에 음식을 담았으면 자리를 비켜주어야 나중에 온 사람이 음식을 덜 수 있다.

④ 음식을 먹을 때는 먼저 담백하고 온순한 맛을 가진 음식부터 시작해야 나중까지 전체적으로 맛을 잘 즐길 수 있다.

⑤ 접시에 음식을 담을 때는 음식이 서로 섞이지 않도록 주의한다.

⑥ 처음 보는 음식이 나왔을 때는 서비스하는 사람에게 물어보아도 되며, 맛있다고 느낀 것은 옆 사람에게도 권한다.

⑦ 스탠딩 뷔페에서는 음식물이 다른 사람의 옷에 묻지 않도록 조심한다.

5. 뷔페 음식의 준비

① 고객의 성별, 연령에 따른 기호도를 고려해야 한다

- 수학여행을 온 학생들이 주고객인 경우는 밥과 국의 양이 많아야 한다.
- 스포츠맨이 주고객인 경우 체중 감량 종목인지 아닌지에 따라 준비하는 양이 달라진다.
- 고객의 직업에 따라 기호도가 다르므로 메뉴를 다르게 편성하는 것이 좋다.
- 돌잔치나 가족모임이 있는 경우 연회가 길어지므로 음식의 양을 넉넉히 준비한다.
- 세미나 등의 공식적인 회의와 관련된 뷔페의 양은 음식의 양을 약간 적게 준비한다.

표 4-1 뷔페에 어울리는 음식의 예

조리법	음식명	선택	참고
밥	흰밥, 찰밥, 콩밥, 보리밥, 팥밥, 오곡밥, 채소밥, 현미밥, 차조밥, 밤밥, 비빔밥, 김치밥, 콩나물밥, 김밥	2가지	흰밥과 잡곡밥 중 각각 한 가지를 선택하는 것이 바람직
면	냉면, 국수장국, 찐만두	2가지	
죽	잣죽, 검은깨죽, 호박죽, 전복죽, 녹두죽, 팥죽, 원미죽, 삼합죽, 장국죽, 아욱죽, 애호박죽, 콩나물죽, 홍합죽, 옥수수죽, 생굴죽, 밤죽, 해물죽, 초미죽, 호두죽	2~3가지	계절별로 다양하게 이용 • 겨울 : 잣죽, 팥죽 • 여름 : 녹두죽
국	미역국, 팽이버섯국, 애탕국, 느타리버섯국, 송이버섯맑은국, 송이맑은장국, 무맑은장국, 완자탕, 깻국탕, 팽이국, 아욱국, 곰국, 도가니탕, 삼계탕, 추어탕, 버섯토장국, 냉이된장국, 깻국, 미역냉국, 임자수탕	2가지	• 맑은국과 토장국을 한 가지씩 선택하는 것이 바람직 • 계절별로 다르게 선택, 여름에는 냉국도 좋음
찌개/전골	애호박젓국찌개, 알찌개, 달래된장찌개(봄), 명란젓국찌개(겨울), 신선로, 송이전골, 해물전골	1가지	계절별로 다르게 선택 • 겨울 : 명란젓국찌개 • 봄 : 달래된장찌개
구이/적	갈비구이, 너비아니, 닭구이, 제육구이, 불고기, 오리구이, 섭산적, 송이산적, 두릅산적, 느타리산적	2가지	
전/적	깻잎전, 피망전, 풋고추전, 생선전, 버섯전, 완자전, 양파전, 굴전, 조개전, 애호박전, 녹두부침, 달래전, 연근전, 호박밀부침, 김치적, 지짐누름적	3가지	육류, 어류, 채소류가 골고루 섞는 것이 좋음
찜/선	갈비찜, 돼지갈비찜, 사태찜, 닭찜, 알찜, 북어찜, 대하찜, 민어찜, 도미찜, 전복찜, 어선, 두부찜, 죽순찜, 우설찜, 호박선, 두부선	1~2가지	
조림/초	우엉조림, 전복초, 홍합초, 장산적, 연근조림, 풋고추조림, 통감자조림	1가지	
회	육회, 전복회, 생선회, 천엽회, 두릅회, 미나리강회, 실파강회	1가지	
편육	쇠머리편육, 사태편육, 돼지머리편육, 양지머리편육, 우족편육, 제육편육	1가지	
숙채	깨즙채, 탕평채, 잡채, 두릅나물, 취나물, 애호박나물, 오이나물, 고사리나물, 도라지나물, 시금치나물, 표고버섯나물, 참나물, 느타리나물, 깨순나물, 비듬나물	3~4가지	• 삼색 나물로 색을 맞춰 조화롭게 선택 • 계절별로 주로 나는 식재료 이용
냉채	닭냉채, 해파리냉채, 오이냉채, 부추냉채, 수삼냉채	1~2가지	

(계속)

조리법	음식명	선택	참고
장아찌	오이숙장아찌, 무숙장아찌, 호두장아찌, 풋마늘장아찌, 양파장아찌	1~2가지	
젓갈	명란젓, 오징어젓, 어리굴젓, 창란젓, 아가미젓, 꼴뚜기젓	3~5가지	
마른반찬	김부각, 깻잎부각, 고추부각, 북어무침, 굴비무침, 조갯살조림	1~2가지	
김치	통김치, 보쌈김치, 백김치, 섞박지, 나박김치, 열무김치, 오이소박이, 부추깍두기, 굴깍두기, 동치미	3~4가지	
떡	꿀편, 승검초편, 증편, 삼색경단, 화전, 인절미, 개피떡, 박편, 쇠머리떡, 호박고지떡	2~3가지	고물 있는 떡과 고물 없는 떡을 포함하여 2~3가지 선택
한과류	유밀과 : 약과, 만두과 다식 : 깨다식, 콩다식, 송화다식 강정 : 잣박산, 깨강정, 산자 전과 : 연근정과, 모과정과, 도라지정과, 밤초	2~3가지	
생실	포도, 딸기, 사과, 배, 수박, 참외, 귤, 멜론, 거봉, 감, 키위		
차	생강차, 인삼차, 유자차, 대추차, 녹차	2~3가지	계절 과일을 중심으로 2~3가지 선택
화채	식혜, 수정과, 오미자화채	1~2가지	
기타	커피, 아이스크림	3가지	
전채요리	구절판, 오이선, 수삼채	2~3가지	2틀 정도 준비

표 4-2 음식점에서 제공되는 한식 뷔페 메뉴의 예

조리법	메뉴 A	메뉴 B	메뉴 C**
밥	흰밥, 찰밥, 김밥	흰밥, 김밥, 초밥	찰밥, 오곡밥
면		모밀국수	
죽	호박죽, 녹두죽	호박죽, 검은깨죽	
국	된장국, 쇠고기무국	매생이국, 도가니탕	냉콩국, 임자수탕
찌개/전골		매운탕	
구이/적	장어구이, 불고기, LA갈비, 닭산적	장어구이, 메로구이, 오리로스, LA갈비	닭양념구이, 버섯산적
전/볶음	생선전, 애호박전, 녹두전, 부추전, 죽순볶음	도토리전, 단호박전, 해삼볶음	피망전, 양송이피망볶음, 셀러리볶음, 표고버섯볶음
찜/선	꼬리찜, 사태찜	갈비찜	우설찜, 오이선
조림	연근조림		닭고기조림
회	주꾸미숙회	생선회	
편육	돼지족발	돼지족발	사태편육
숙채	잡채, 탕평채, 시금치나물, 참나물	탕평채, 버섯나물	해물잡채, 해물잣즙채, 죽순잡채
냉채	닭냉채, 해파리냉채	해물겨자무침, 죽순채무침	인삼냉채
장아찌			오이장아찌
젓갈		가자미식해	
마른반찬			
김치	백김치, 배추김치*	백김치, 갓김치, 열무김치, 물김치	봄동겉절이
떡	송편, 삼색경단, 수수부꾸미, 쇠머리떡	쇠머리떡, 인절미, 약식, 주악	
과정류	쌀강정, 유과 또는 매작과	다식, 정과	
생실	계절에 따라 2~3종류	수박, 참외, 오렌지, 연시	
차		녹차	
화채	식혜, 수정과	식혜, 수정과	
기타	모듬채소(8가지 채소)	아이스크림, 팥빙수	
전채요리			

*김치 : 계절에 따라서 깍두기, 열무김치, 총각김치 등 다양하게 이용
과일 : 계절에 따라 2~3종류 제공. 봄(딸기, 사과, 배), 여름(수박, 포도, 참외, 멜론), 가을(사과, 감), 겨울(귤, 사과, 배)
**실습 예에 제시된 음식

② 4인분의 레시피를 중심으로, 다음과 같이 가감하여 준비한다.

- 음식 가짓수가 적어지면 각각의 음식당 준비하는 재료양이 많아진다.
- 다음은 50인분을 준비할 때 참고로 제안하는 음식의 양이다.

표 4-3 50인분 분량 환산표

음식명	선택 개수	50인분 분량(4인 기준 비율)*
밥	2가지	3~4배
면	2가지	3~4배
죽	2~3가지	3~4배
국	2가지	3~4배
찌개/전골	1가지	3배
구이(적)	2가지	10배
전	3가지	5배
찜/선	1~2가지	10배
조림	1가지	3~4배
회	1가지	3~4배
편육	1가지	5배
숙채	3~4가지	3~4배
냉채	1~2가지	5배
장아찌	1~2가지	3배
젓갈	3~5가지	3배
마른반찬	1~2가지	3배
김치	3~4가지	5배
떡	2~3가지	5배
과정류	2~3가지	3배
생실	2~3가지	10배
차	1~2가지	8배
화채	2가지	8배
기타	1~2가지	30인분
전채요리		2틀

*50인에 대해 준비하는 음식의 분량은 한 가지 음식에 대해서 4인분 레시피의 3~4배의 추정량으로 재료를 준비한다.

임자수탕
Cold Chicken Soup

재료 및 분량

재료	분량
생닭(中)	1/2마리
참깨	1컵
쇠고기(우둔)	50g
미나리	30g
오이	1/2개
달걀	2개
건표고	4개
홍고추	1개
녹말가루	2큰술
생강즙	1작은술
잣	1큰술
국물 양념	
육수	5컵
소금	2작은술
생강	1/4작은술
후춧가루	1/8작은술
쇠고기 양념(완자용)	
소금	1/4작은술
다진 파	1/2작은술
다진 마늘	1/4작은술
참기름	1/4작은술
깨소금	1/2작은술
후춧가루	약간

조리 방법

1 물을 넉넉히 붓고 닭을 무르게 삶은 다음 건져 굵게 찢고 국물은 차게 식혀 기름기를 걷어 내고 면포에 밭친다.

2 참깨는 믹서에 (1)의 육수를 넣고 곱게 갈아 겹체에 밭친 후 양념하고, 건표고는 물에 담가 불린다.

3 (1)의 닭살은 소금, 후춧가루, 생강즙으로 양념한다.

4 쇠고기는 다져서 양념하여 완자를 만들어 지지고, 미나리는 초대를 부치고, 달걀은 황백지단을 부쳐 골패형으로 썬다.

5 오이는 껍질 부분을 도톰하게 벗겨 3×1×0.5cm의 골패형으로 썰고, 홍고추 · 불린 표고도 같은 크기로 썰어 녹말을 묻혀 끓는 물에 살짝 데쳐 냉수에 헹군다.

6 양념한 닭살을 그릇에 담고 그 위에 (4), (5)의 재료를 보기 좋게 담는다.

7 (6)에 (2)의 국물을 그릇 가장자리로 살며시 붓고 잣을 올린다.

우설찜
Braised Beef Tongue and Vegetables

재료 및 분량

재료	분량
우설	300g
향신 양념	
양파	50g
대파	1/4대
생강	3g
마늘	1쪽
양지머리(국물용)	100g
양파	100g
당근	50g
밤	30g
은행	5알
달걀	1개
건표고	2개
양념장	
양지머리 국물	2컵
간장	4큰술
설탕	3큰술
대파	1/2대
통마늘	3쪽
통후추	5알
참기름	2작은술
깨소금	2작은술
생강즙	1작은술
건고추	2개

조리 방법

1 우설을 손질하여 뜨거운 물에 튀겨 가면서 칼로 표피를 긁어 내고 씻는다.

2 (1)의 우설을 향신 양념을 넣고 삶아서 한입 크기로 썰어 놓는다.

3 당근은 밤톨 크기로 썰어 데치고, 밤도 껍질을 벗겨 데친다.

4 양파는 큼직하게 썰고, 버섯은 물에 불려 기둥을 떼어 내고 은행잎 모양으로 썬다.

5 은행은 기름을 두르고 파랗게 볶아 놓고, 달걀은 황백으로 나누어 지단을 부친 후 완자형으로 썬다.

6 양념장을 만들어 놓는다.

7 삶은 우설과 부재료를 그릇에 담아 양념장의 1/2을 넣고 조린다.

8 (7)이 어느 정도 조려지면 나머지 국물을 붓고 함께 조린다.

9 그릇에 담고 은행, 황백지단 등의 고명을 올린다.

사태편육
Cold Beef Shank

재료 및 분량

재료	분량
사태(또는 양지머리)	300g
물	8컵
대파	1대
마늘	3톨
생강	10g
양파	1/2개
통후추	1작은술
초간장	
간장	1큰술
식초	1/2큰술
물	1/2큰술
설탕	1/4작은술

조리 방법

1 사태는 깨끗이 씻어 물에 담가 핏물을 빼고 건져 놓는다.

2 냄비에 물을 붓고 끓으면 고기와 부재료를 통으로 넣고 30분 이상 끓이고 고기가 부드럽게 익으면 꺼내어 면포에 싸서 그 위에 도마를 얹고 무거운 돌 같은 것을 얹어 누른다.

3 잘 눌러지고 고기가 식어서 자리가 잡혔으면 표면을 다듬고 5×3×0.3cm의 골패형으로 썬다.

4 초간장을 곁들여 낸다.

양송이피망볶음 Sautéed Cultured Button Mushroom and Sweet Pepper

재료 및 분량

양송이버섯	150g
양파	50g
마늘	2쪽
홍피망	20g
청피망	40g
등심	50g
식용유	2작은술
참기름	1/2작은술
소금	1/3작은술

쇠고기 양념	
소금	1/4작은술
파	1/2작은술
마늘	1/4작은술
참기름	1/4작은술
깨소금	1/4작은술
후춧가루	약간

조리 방법

1 양송이버섯은 흐르는 물에 재빨리 씻어서 마른행주로 닦고 껍질을 벗긴 후 끓는 물에 삶아 건져 놓는다.

2 마늘은 0.3cm 두께로 저미고, 피망과 양파는 사방 2cm로 썬다.

3 등심은 4×2×0.3cm 크기로 저며서 양념해 둔다.

4 달궈진 팬에 기름을 두르고 쇠고기와 마늘을 먼저 볶다가 버섯, 양파, 피망의 순으로 센불에서 단시간에 볶는다.

5 마지막에 참기름을 살짝 두른 후 소금간을 하여 접시에 담는다.

셀러리볶음 Sautéed Celery

재료 및 분량

재료	분량	양념	분량
셀러리	150g		
죽순	60g	소금	1작은술
숙주	100g	다진 파	1작은술
홍고추	1/4개	다진 마늘	1/2작은술
피망	1개	깨소금	1작은술
소금	1작은술	참기름	1/2작은술
식용유	1작은술	흰 후춧가루	약간

조리 방법

1 셀러리는 손질하여 껍질은 벗기고 5×0.5×0.2cm로 썬다.

2 죽순은 빗살무늬를 살려 (1)과 같은 크기로 썰고, 숙주는 거두절미하여 살짝 데쳐 낸다.

3 홍고추는 반으로 갈라 씨를 빼고 4×0.2×0.2cm로 채썬다.

4 피망은 반으로 갈라 씨를 떼어 내고 5×0.4cm의 골패형으로 썬다.

5 (1)~(4)의 재료를 각각 소금을 넣어 볶아 식힌다.

6 볶은 재료를 섞은 후 갖은 양념을 넣어 맛을 낸다.

표고버섯볶음

Sautéed Oak Mushroom

재료 및 분량

재료	분량
생표고버섯	200g
피망	1/2개
홍고추	1/4개
쇠고기(우둔)	50g
식용유	1작은술
쇠고기 양념	
소금	1/4작은술
다진 파	1/2작은술
다진 마늘	1/4작은술
참기름	1/4작은술
깨소금	1/4작은술
후춧가루	약간
양념	
소금	1/2작은술
파	1작은술
마늘	1/2작은술
참기름	1작은술
깨소금	2작은술
소금	1작은술

조리 방법

1 표고버섯은 기둥을 따고 끓는 물에 살짝 데쳐 내어 물기를 꼭 짜서 은행잎 모양으로 썰어서 양념한다.

2 피망과 홍고추는 반을 잘라 속을 떼어 버리고 4×0.2cm 길이로 채썰어 놓는다.

3 쇠고기는 4×0.2×0.2cm 길이로 채썬 다음 갖은 양념을 한다.

4 달궈진 팬에 식용유를 두르고 (2), (3), (4)를 각각 볶아 식혀 놓는다.

5 표고버섯에 볶아 놓은 쇠고기를 넣고 섞어 갖은 양념을 넣은 후 간을 맞추고 피망, 홍고추를 섞어서 접시에 담는다.

닭고기조림
Braised Chicken and Vegetables

재료 및 분량

재료	분량
닭(600g)	1/2마리
물	4컵
대파	1/3대
통마늘	3쪽
감자	100g
양파	50g
풋고추	3개
양념장	
진간장	4큰술
설탕	2큰술
물	1½컵
통마늘	3쪽
생강	1톨
후춧가루	1/8작은술
깨소금	2큰술
참기름	1큰술

조리 방법

1 닭은 깨끗이 씻은 후 5×4cm의 한입 크기로 큼직하게 썰어 끓는 물에 대파를 넣고 데친다.

2 감자는 깍둑썰기하여 모서리를 다듬고, 양파는 1/4로 큼직하게 썰고, 생강은 납작하게 썰어 놓는다.

3 마늘은 다지고, 풋고추는 어슷하게 썰어 씨를 털어 놓는다.

4 닭과 감자, 파, 마늘, 생강 등을 넣고 준비된 양념장을 넣어 20~30분간 조린다.

5 중간 정도의 갈색이 되어 속까지 모두 익으면 풋고추를 마저 넣고 잠깐 끓인다.

6 접시에 조린 닭을 담고 감자와 풋고추를 섞어서 담는다.

느타리버섯산적
Skewered Oyster Mushroom

재료 및 분량

재료	분량
쇠고기(등심)	200g
느타리버섯	250g
버섯 양념	
간장	2작은술
참기름	1½작은술
고기 양념	
간장	2큰술
설탕	1큰술
다진 파	2작은술
다진 마늘	1작은술
참기름	1작은술
깨소금	1작은술
후춧가루	1/8작은술

조리 방법

1 느타리버섯은 찬물에 재빨리 씻어 건진 다음 큰 것은 손으로 찢어 2등분 하고 작은 것은 그대로 간장과 참기름으로 양념한다.

2 쇠고기는 6×0.7×0.7cm 길이로 굵직하게 채썰어 갖은 양념을 한다.

3 느타리버섯과 쇠고기를 꼬치에 번갈아 끼워 뜨겁게 달군 팬이나 석쇠에 구워 접시에 담는다.

오이선
Stuffed Cucumber

재료 및 분량

오이	150g
쇠고기(우둔)	30g
표고버섯	1개
당근	10g
달걀	1개
석이버섯	1장
참기름	1/4작은술
간장	1/4작은술
단촛물	
설탕	2작은술
식초	2작은술
물	2작은술
소금	1/2작은술
쇠고기 양념	
소금	1/5작은술
다진 파	1/2작은술
다진 마늘	1/4작은술
깨소금	1/8작은술
후춧가루	약간

조리 방법

1 오이는 가늘고 어린 것을 골라 표면은 소금으로 비벼 씻은 후 반으로 잘라 3.5~4cm로 어슷하게 토막내어 0.7~1cm 간격으로 어슷하게 칼집을 2~3번 넣는다.

2 (1)을 소금물에 절인 후 무거운 것으로 눌러 물기를 꼭 짜서 살짝 볶아 놓는다.

3 쇠고기, 당근, 표고버섯은 1×0.1×0.1cm로 곱게 채썰어 양념하여 놓는다.

4 달걀은 황백지단을 얇게 부쳐서 당근과 같은 길이로 채썬다.

5 석이버섯도 깨끗이 벗겨 채썰어 간장, 참기름을 소량 넣고 살짝 볶는다.

6 쇠고기, 당근, 표고버섯을 섞어 양념을 하고 황백지단과 함께 오이의 사이사이에 끼워 놓는다.

7 그 위에 석이버섯을 올리고 먹기 직전에 단촛물을 뿌려 낸다.

죽순잡채

Seasoned Bamboo Shots and Vegetables

재료 및 분량

당면	100g
죽순	100g
오이	100g
도라지	20g
당근	30g
양파	30g
숙주	30g
건표고버섯	2개
목이버섯	4장
쇠고기	50g
달걀	1개
당면 양념	
간장	2큰술
설탕	1큰술
참기름	1큰술
쇠고기·표고 양념	
간장	1작은술
설탕	1/2작은술
다진 파	1작은술
다진 마늘	1/2작은술
후춧가루	1/8작은술
전체 양념	
소금	1/2작은술
참기름	1작은술
깨소금	1큰술

조리 방법

1 죽순은 깨끗이 씻어서 빗살 모양을 살려 썬 다음 소금으로 간하고 살짝 볶는다.

2 오이는 가시를 제거하고 6cm 길이로 썰어 0.3cm 두께로 돌려 깎아 채 썰어 소금을 살짝 뿌린 다음 물기를 짠다.

3 도라지는 오이와 같은 크기로 채썰어 소금을 비벼 씻어 물기를 짠다.

4 당근 · 양파는 같은 크기로 채썰고, 숙주는 머리와 꼬리를 떼어 내고 끓는 물에 데쳐서 물기를 짜 놓는다.

5 표고버섯 · 쇠고기도 같은 크기로 채 썰어 갖은 양념하여 재워 놓고, 목이버섯은 물에 불려 손질하여 적당한 크기로 찢는다.

6 달걀은 황백지단을 부쳐 6×0.2×0.2cm로 채썬다.

7 준비된 재료를 각각 볶아서 식혀 놓는다.

8 당면은 끓는 물에 삶아 찬물에 헹구어 건져서 적당한 길이로 잘라 간장, 참기름, 설탕으로 밑간을 해두었다가 볶아 식힌다.

9 고기를 제외한 볶아 놓은 재료에 소금으로 간하여 물기를 짜고 고기, 당면, 죽순을 합하여 깨소금, 참기름으로 버무린다.

10 그릇에 담고 황백지단 채를 올린다.

해물잣즙채
Seafood and Vegetables with Pine Nut Sauce

재료 및 분량

전복	1개
관자	2개
새우(중)	2마리
대추	2개
오이	100g
갑오징어(소)	1/4마리
소라살	1개
깐 밤	3개
셀러리	50g
죽순	60g
잣즙 소스	
잣	30g
육수	2큰술
소금	1/4작은술

조리 방법

1 전복은 껍질과 내장을 떼고 솔로 씻은 후 소금으로 주물러 씻는다.

2 갑오징어는 껍질을 벗기고 안쪽으로 칼집을 넣고, 소라살은 소금으로 해감하여 문질러 씻는다.

3 새우와 관자는 내장을 손질하여 놓는다.

4 끓는 소금물에 다듬어 놓은 해물들을 각각 살짝 데쳐 낸다.

5 전복은 도톰하게 저미고, 관자와 소라살은 모양을 살려 0.2cm 두께로 편썰기한다. 새우는 껍질을 벗긴 뒤 길이로 반을 갈라 놓고, 갑오징어는 4×1.5cm 크기로 자른다.

6 깐 밤은 3~4쪽으로 썰고, 대추는 돌려깎기하여 씨를 뺀 후 4~5쪽으로 썬다.

7 셀러리와 오이는 4×1.5×0.3cm로 썰고, 죽순도 0.3cm 두께로 빗살무늬를 살려서 썬 뒤 끓는 물에 각각 데쳐 낸다.

8 잣은 육수를 넣고 갈아서 소금으로 간하여 놓는다.

9 준비된 해물과 채소들은 체에 밭쳐서 물기가 제거된 상태에서 잣즙 소스를 넣고 가볍게 버무려 담는다.

피망전 Pan Fried Sweet Pepper

재료 및 분량

재료	분량
피망(작은 것)	3개
쇠고기	60g
두부	30g
밀가루	1/2컵
달걀	2개
식용유	2큰술

쇠고기·두부 양념	
소금	1/6작은술
설탕	1/8작은술
다진 파	1작은술
다진 마늘	1/2작은술
깨소금	1/2작은술
참기름	1/2작은술
후춧가루	약간

조리 방법

1 피망은 작고 단단한 것으로 구입하여 둥글게 0.8cm의 두께로 썰어 씨를 털고 끓는 소금물에 살짝 데쳐서 냉수에 헹구어 물기를 제거한다.

2 쇠고기는 다지고 두부는 물기를 꼭 짜서 으깨어 섞어 갖은 양념한다.

3 달걀은 소금을 넣고 잘 풀어 놓는다.

4 피망 안쪽에 밀가루를 묻히고 쇠고기 양념한 것을 편편하게 채워 넣는다.

5 피망 가장자리에는 가루가 묻지 않도록 하며 고기를 넣은 쪽에만 앞뒤로 밀가루를 묻히고 달걀을 씌운다.

6 달군 팬에 기름을 두르고 약한 불에서 지진다.

오이간장장아찌 Pickled Cucumber in Soy Sauce

재료 및 분량

오이	200g
양념물	
간장	3큰술
물	1/2컵
설탕	1큰술
식초	1큰술
대파	1/4대
통마늘	1쪽
건고추	1개
양파	20g

조리 방법

1 오이는 소금으로 문질러 씻어 통으로 5cm 크기로 썬다.

2 간장, 설탕을 섞은 물에 양념을 넣고 우르르 끓여 체에 밭친다.

3 오이에 (2)의 뜨거운 간장물을 붓고 뚜껑을 덮어 밀폐시킨 다음 실온에서 12시간 정도 두었다가 냉장고에 넣는다.

4 먹을 때마다 꺼내서 세로로 길게 4등분하여 그릇에 담는다.

닭양념구이 Grilled Seasoned Chicken

재료 및 분량

닭다리	400g	다진 마늘	1작은술
풋고추	2개	참기름	1작은술
마늘	3쪽	깨소금	1작은술
양념장		청주	2큰술
간장	3큰술	양파즙	1큰술
설탕	2큰술	생강	1/4작은술
다진 파	2작은술	후춧가루	1/4작은술

조리 방법

1 닭은 뼈에 붙어 있는 살을 분리한다.

2 (1)의 살을 넓게 펼쳐 놓고 포를 떠서 고르게 한다.

3 준비된 재료로 양념장을 만들어 (2)에 버무려 20~30분간 재어 놓는다.

4 팬에 닭을 펼쳐서 담고, 오븐의 온도를 250℃로 맞추어 달군 후 구워 낸다.

5 풋고추와 마늘은 양끝을 잘라 손질하여 구워 닭과 함께 담아 낸다.

해물잡채 Seasoned Seafood and Vegetables

재료 및 분량

재료	분량
오징어	1/4마리
홍합살	50g
새우살	50g
당면	100g
피망	200g
당근	20g
양파	50g
홍고추	1/4개
건표고버섯	2장

당면 양념

재료	분량
간장	2큰술
설탕	1큰술
참기름	1큰술

전체 양념

재료	분량
참기름	1/2작은술
소금	2작은술
설탕	1작은술
다진 파	1작은술
다진 마늘	1/2작은술
깨소금	1작은술
후춧가루	1/8작은술

조리 방법

1 오징어는 껍질을 벗겨 칼집을 넣은 후 끓는 물에 데쳐 5×0.5cm로 잘라 놓는다.

2 홍합살, 새우살은 소금물에 씻어 찜통에 찐다.

3 당면은 끓는 물에 삶아 찬물에 헹구어 양념하여 놓는다.

4 피망, 당근, 양파, 홍고추는 깨끗이 손질하여 5×0.2cm로 고르게 채썬다.

5 표고버섯은 더운 물에 불려 기둥을 떼내고 곱게 채썬다.

6 준비된 (1)~(5)의 재료를 각각 볶아서 식혀 모두 혼합하여 양념한다.

찰밥 Steamed Glutinous Rice

재료 및 분량

불린 찹쌀	300g
밤	10개
대추	5개
팥	80g
양대콩	40g
소금	1작은술
팥물	2/3컵

조리 방법

1 찹쌀은 깨끗이 씻어서 반나절 이상 불리고, 밤은 껍질을 벗긴 뒤 3~4쪽으로 쪼갠다.

2 팥, 양대콩은 충분한 물에 넣고 푹 익힌다.

3 대추는 물에 가볍게 씻어 씨를 발라 내고 3~4등분으로 가른다.

4 찹쌀을 체에 건져 물을 뺀 뒤 열이 오른 찜통에서 쪄 낸다.

5 (2)의 팥 삶았던 물에 소금으로 간을 한 뒤 (4)의 찹쌀과 준비한 모든 재료를 섞어 버무린 다음 찜통에 다시 찐다.

6 찰밥이 쪄지는 중간중간 팥물을 끼얹으며 섞어준다.

7 밤이 익으면 불을 끄고 뜸을 들인 후 푼다.

오곡밥 Steamed Glutinous Rice with Four Grains

재료 및 분량

찹쌀	8컵
차조	1컵
검은콩	1컵
차수수	4컵
팥	2컵
물	3컵
소금물	
소금	1/2작은술
물	1/2컵

조리 방법

1 찹쌀과 차조, 검은콩, 차수수를 각각 물에 담가 2~3시간 정도 불려 놓는다.

2 팥은 찬물에서부터 넣고 삶아 우르르 끓으면 건져 낸다.

3 (2)의 팥에 물 3컵을 넣고 터지지 않도록 삶아서 소쿠리에 건져 놓는다.

4 찜 솥에 (1), (3)의 재료를 넣고 40분 정도 찐다.

5 어느 정도 익으면 소금물을 흩뿌리고 10여 분 뜸을 들인다.

냉콩국 Cold Soybean Soup

재료 및 분량

재료	분량
불린 흰콩	2컵
볶은 참깨	20g
물	6컵
소금	2작은술
찹쌀가루	1컵
오이즙	3큰술
오이	50g
잣	1큰술

조리 방법

1 흰콩은 깨끗이 씻어 충분한 물에 5~6시간 불린다.

2 솥에 (1)의 콩이 잠길 정도의 물을 붓고 뚜껑을 연 채 삶고 한 번 끓어오르면 잠깐 두었다 건져 내어 껍질을 가볍게 비벼 씻고 헹군다.

3 (2)에 물 3컵을 부어 곱게 갈고, 볶은 깨도 나머지 물을 넣고 갈아 체에 밭친다.

4 (3)에 소금간을 하여 차게 둔다.

5 오이는 껍질을 벗겨 믹서에 갈아 즙을 짜고 오이즙 물을 끓인다.

6 찹쌀가루는 (5)의 뜨거운 물로 익반죽하여 지름 1cm 크기의 경단을 빚어 끓는 물에 삶아 재빨리 건져 내어 찬물에 헹군다.

7 오이는 3×0.1×0.1cm로 채썰어 놓고, 잣은 고깔을 따고 젖은 면포에 닦아 놓는다.

8 그릇에 (6)을 색색이 담고 (4)의 국물을 부은 후 오이채와 잣을 고명으로 올린다.

수삼냉채 Cold Ginseng and Chestnut with Pinenut Sauce

재료 및 분량

재료	분량
수삼	4뿌리
대추	20g
밤	50g
미나리	30g
소스	
잣	1큰술
꿀	2큰술
식초	2큰술
소금	2작은술

조리 방법

1 수삼은 깨끗이 씻어 잔털을 모두 제거하고 길이대로 곱게 채썬다.

2 대추는 젖은 행주로 닦아 씨를 빼낸다.

3 밤은 0.2cm 두께로 채썬다.

4 미나리는 4cm 길이로 썬다.

5 (1)~(4)를 한데 담고 꿀, 식초, 소금을 넣어 버무리다가 잣을 섞어 접시에 담는다.

봄동겉절이 Fresh Spring Green Chinese Cabbage Kimchi

재료 및 분량

봄동	150g
미나리	30g
통깨	1/8작은술
양념장	
고추장	1큰술
고춧가루	1큰술
물엿	1큰술
식초	1큰술
설탕	1큰술
통깨	1큰술
생강즙	1/2작은술

조리 방법

1 봄동은 깨끗이 다듬어 씻은 후 물기를 빼고 먹기 좋은 크기로 썬다.

2 미나리는 억센 줄기와 잎을 다듬고 씻어 4cm 길이로 썬다.

3 고추장, 고춧가루, 물엿, 식초, 설탕, 통깨, 생강즙을 섞어 양념장을 만들고 (1)과 (2)를 버무린 후 통깨를 뿌린 다음 접시에 담는다.

CHAPTER 5

주안상차림

5 주안상차림

크고 작은 경사에 손님을 접대하기 위하여 약주를 중심으로 차린 상차림이 전통적인 주안상이다. 오늘날의 손님초대상차림과 칵테일파티상차림이 여기에 속하며, 식단의 구성은 찬 음식으로 전채를, 더운 음식으로 주음식, 면류나 밥류, 후식류, 음료로 이루어진다.

1. 주안상의 정의와 개요

전통적으로 주안상은 나라에 경사나 민가의 경사 때 손님에게 차리는 잔치음식이었다. 예전에는 일일이 외상을 차렸으나 점차 큰상에 4~6인씩 한상으로 차리는 교자상 형식으로 바뀌었다.

음식을 약주 중심으로 차리면 주안상 또는 건교자(乾交子)상이라 한다. 술이 끝나면 국수장국을 낸다. 주안상을 밥을 중심으로 밥상형식으로 차리면 식교자(食交子)상이라 한다. 그러나 오늘날 주안상은 손님을 맞으면서 간단히 차리는 상차림의 형태로 칵테일파티를 예로 들 수 있다.

2. 주안상차림의 식단 작성

더운 국물음식을 중심으로 할 때 신선로나 전골을 정하고 전, 적, 구이, 조림 중에서 4~6가지 정도를 재료는 중복되지 않게 구성한다. 찬 음식으로 회, 편육, 생채를 같이 준비한다. 주요 안주가 끝날 때 쯤이면 국수장국을 뜨겁게 제공한다.

표 5-1 전통 주안상차림의 예

조리법 분류		메뉴 A	메뉴 B	메뉴 C
식단구성법	주식	국수	어만두	만둣국
	약주	약주	없음	없음
	더운 음식	5가지	5가지	4가지
	찬 음식	3가지	6가지	4가지
	후식류	4접시(8가지)	3접시(5가지)	
	음료	1가지(보리수단)	2가지	
기본	주식	장국수	어만두	만둣국
	탕			
	찜	사태찜	갈비찜	도미찜
	신선로	신선로	신선로	신선로
	전골	해물전골		
	김치1	나박김치	장김치	장김치
	김치2			배추김치
	장	초간장, 간장, 겨자즙	간장, 초간장, 겨자즙	간장, 초간장, 겨자즙
	꿀	꿀		
	회	육회	어회, 강회, 어채	숙회, 족편
	전	지짐누름적	생선전	각색전
	적		잡누르미	산적
	구이	닭구이	조개구이	
	조림		전복초	
	숙채, 생채	잡채	겨자채	구절판
후식	포	생선포	육포	마른안주
	편	두텁떡	삼색단자	
	약식	약식		
	조과	약과, 강정, 다식	약과, 다식, 강정	
	정과			
	숙실과	생란, 조란	녹말편	
음료	생실과	생실과		
	화채	보리수단	창면, 보리수단	
	각종 차			
	술	약주		

어울리는 후식류로는 숙실과나 생실과, 떡, 조과, 정과 중에서 2~3가지를 준비하고 마지막으로 계절에 맞는 음료를 대접하도록 구성한다.

3. 칵테일파티(cocktail party) 메뉴 작성법과 예

전통 주안상 식단 작성법을 기본으로 하여 현대화한 칵테일파티의 식단을 작성하기 위해서 주식과 찬 종류에 해당하는 전채, 더운 음식, 찬 음식, 마른안주로 주가 되는 식단을 구성하고 절기에 맞는 과일과 음청류를 곁들인다.

또한 기본식으로 김치류와 부각이나 자반 등 밑반찬류를 제공할 수가 있다. 칵테일파티를 할 때에는 서비스도 전통방법과는 달리 식사 위주의 상차림이 아니므로 상을 차릴 때 간단히 먹을 수 있도록 한입 크기로 만들어야 한다. 테이블도 화려하고 아름답게 꾸며야 하며 음식과 담는 그릇도 잘 선택해야 한다.

음식에 어울리는 주류 또한 음식의 맛을 좌우하므로 조화를 이룰 수 있도록 식단을 구성해야 한다.

표 5-2 칵테일파티 상차림의 예

음식 분류	가짓수	음식명
전채	3	삼계선, 대하잣즙냉채, 수삼채
주식	3	편수, 어만두, 쌈밥
더운 음식	7	떡갈비완자, 닭다리강정, 오징어솔방울구이, 해물파전, 녹두전, 대합구이, 쇠고기버섯산적
찬 음식	7	쇠고기냉채소말이, 우설편육, 닭냉채, 문어숙회, 삼색나물, 삼색밀쌈, 해물겨자생채
마른안주	5	호두튀김, 곶감쌈, 육포, 매듭자반, 은행꼬치
후식	5	두텁떡, 약식, 삼색경단, 과편, 매작과
생과일	3	수박, 참외, 포도
음청류	3	대추차, 식혜, 오미자화채
김치류	3	오이소박이, 백김치, 열무물김치

수삼채 Fresh Ginseng with Sweet and Sour Sauce

재료 및 분량

재료	분량
수삼(100g)	2뿌리
오이	50g
셀러리대	30g
깐 밤	20g
배	50g
대추	10g
단촛물	
식초	1큰술
설탕	1큰술
소금	1작은술
물	1큰술

조리 방법

1 수삼을 깨끗이 손질하여 4×0.1×0.1cm로 고르게 채썬다.

2 오이는 가시를 제거하고 3cm 길이로 썰어 돌려깎기하여 0.1×0.1cm로 곱게 채썬다.

3 셀러리, 밤, 배는 껍질을 벗기고 3×0.1×0.1cm 길이로 곱게 채썬다.

4 대추는 젖은 면포로 표면을 닦고 씨를 빼낸 다음 3×0.1×0.1cm로 채썬다.

5 단촛물을 만들어 (1)의 채썬 수삼을 버무린다.

6 (5)에 (2), (3), (4)의 부재료를 가볍게 섞어 접시에 담는다.

삼색밀쌈

Three Colored Rolled Crepé with Beef and Vegetables

재료 및 분량

재료	분량
오이	200g
건표고버섯	4장
죽순	100g
당근	30g
쇠고기(우둔)	50g
쇠고기 양념	
소금	1/4작은술
다진 파	1/2작은술
다진 마늘	1/4작은술
참기름	1/4작은술
깨소금	1/2작은술
후춧가루	1/8작은술
밀전병	
밀가루	2컵
소금	1/2작은술
녹말	1/2작은술
물	2½큰술
당근	20g
시금치	30g
전체 양념	
소금	1/8작은술
참기름	1/4작은술
깨소금	1/4작은술
초간장	
간장	2큰술
물	2큰술
식초	1큰술
설탕	1작은술

조리 방법

1 오이는 5×0.1×0.1cm로 채썰어 소금을 뿌려 놓는다.

2 건표고는 따뜻한 물에 불려 가늘게 채썰고, 당근 · 죽순도 오이와 같은 크기로 채썬다.

3 쇠고기는 결대로 채썰어 양념한다.

4 (1), (2), (3)을 각각 볶아 식힌 다음 물기를 짜서 양념한다.

5 당근과 시금치는 믹서에 곱게 간다.

6 밀가루는 3등분해서 당근즙, 시금치즙, 물을 각각 섞어 멍울 없이 체에 밭친 후 소금간을 한다.

7 밀전병을 부친 다음 20×7cm로 썬다.

8 밀전병 속에 (4)의 채소를 꼭꼭 눌러 가지런히 놓고 단단히 말아 4cm 길이로 썬다.

9 접시에 보기 좋게 돌려 담고 초장을 곁들인다.

모시조개탕
Clear Clam Soup

재료 및 분량

모시조개	400g
홍합살	100g
풋고추	1/2개
홍고추	1/2개
국물	
통마늘	2쪽
소금	1작은술
물	6컵

조리 방법

1 모시조개는 살아 있는 것으로 준비해 깨끗이 씻은 후 연한 소금물에 담가 해감시키고, 홍합살은 지저분한 것을 떼어낸 후 소금물에 흔들어 씻어 건진다.

2 풋고추와 홍고추는 반으로 갈라 씨를 털어낸 후 2×0.1×0.1cm 길이로 가늘게 채썰고, 마늘은 곱게 다진다.

3 냄비에 모시조개를 담고 찬물을 부어 끓이다가 국물이 끓기 시작하면 홍합살을 넣는다.

4 조개 입이 벌어지고 국물이 뽀얗게 우러나면 (2)를 넣고 소금으로 간을 하여 잠깐만 더 끓인다.

대하찜

Steamed Shrimp

재료 및 분량

대하	4마리
깐 새우살	80g
연두부	100g
피망	1/2개
홍고추	1/2개
석이버섯	3장
달걀	1개
밀가루	2큰술
양념장	
소금	2/3작은술
생강즙	1/4작은술
달걀 흰자	1큰술
다진 마늘	1작은술
흰 후춧가루	1/8작은술
겨자장	
발효겨자	1작은술
식초	1큰술
설탕	1작은술
소금	1/3작은술
간장	1작은술
물	2큰술

조리 방법

1 대하는 머리의 수염을 손질하고 등을 갈라 내장을 제거하여 살을 발라 낸 후 곱게 다진다.

2 깐 새우살은 심심한 소금물에 씻어 체에 건져서 물기를 제거한 후 곱게 다진다.

3 연두부는 마른 면포로 물기를 제거한 후 으깬다.

4 피망, 홍고추는 반으로 갈라 씨를 빼고 1×0.1×0.1cm로 곱게 채썬다.

5 석이버섯은 따뜻한 물에 불려 돌을 떼내고 뒷면의 검은 이끼를 비벼 씻은 후 돌돌 말아 채썬다.

6 달걀은 황, 백으로 나누어 지단을 부치고 1×0.1×0.1cm로 채썬다.

7 (1), (2), (3)을 고루 섞어 양념한다.

8 (1)의 껍질에 밀가루를 솔솔 뿌려 (7)의 속 양념을 보기 좋게 담는다.

9 (8)에 (4), (5), (6)을 색색이 보기 좋게 담은 후 열이 오른 찜통에서 10여 분 찐다.

10 (9)를 그릇에 담고 겨자장을 곁들인다.

색편육

Skewered Beef Shank and Vegetables

재료 및 분량

쇠고기(사태)	200g
당근	30g
오이	1/2개
꼬치	15개
초간장	
간장	3큰술
식초	3큰술
물	3큰술
설탕	1작은술

조리 방법

1 냄비에 물을 붓고 끓으면 고기를 넣어 속이 완전히 익을 때까지 삶는다.

2 간장에 나머지 양념을 섞어 초간장을 만든다.

3 (1)을 2×2×0.7cm로 깍둑썰기하여 초간장에 담가 둔다.

4 오이, 당근은 2mm 두께로 편썰기하여 꽃모양 틀로 찍은 다음 기름에 살짝 볶는다.

5 (3)의 고기에 초간장맛이 배어들면 건져내고 (4)의 재료와 꼬치에 색색이 끼워낸다.

겨자채

Beef and Vegetables with Mustard Sauce

재료 및 분량

양배추	60g
오이	100g
당근	30g
쇠고기	80g
밤	3개
배	1/8개
달걀	1개
잣	10알
겨자즙	
갠겨자	1큰술
식초	1큰술
설탕	2작은술
소금	1/3작은술
간장	1작은술
물	1큰술

조리 방법

1 겨자는 따뜻한 물에 되직하게 개어 쪄서 매운맛이 난 후에 식초, 설탕, 소금, 간장을 넣어 겨자즙을 만든다.

2 양배추, 오이, 당근은 4×1×0.3cm의 골패형으로 썰어 찬물에 담가 놓는다.

3 쇠고기는 끓는 물에 삶아 내어 채소와 같은 크기로 썬다.

4 배는 껍질을 벗겨 씨를 제거하고 채소와 같은 크기로 썰어 설탕물에 담근다.

5 밤은 껍질을 벗겨 0.3cm 두께로 납작하게 썬다.

6 달걀은 황, 백으로 나누어 지단을 부치고 채소와 같은 크기로 썬다.

7 찬물에 담가 둔 채소를 건져 물기를 빼서 편육과 섞어 준비된 겨자즙을 뿌려 버무리고 그릇에 담아 고명으로 황백지단과 잣을 올린다.

주안상차림

쇠고기채소말이

Rolled Beef with Vegetables

재료 및 분량

재료	분량
쇠고기(우둔)	200g
우엉	30g
식초	1/8작은술
당근	30g
미나리	100g
소금	1/4작은술
건표고버섯	3장
밀가루	1큰술
실파	1/8작은술
조림장	
간장	4큰술
설탕	3큰술
물	1컵
양파	30g
마늘	10g
생강	5g
건고추	3개
쇠고기 양념	
소금	1/4작은술
후춧가루	1/8작은술
다진 마늘	1/2작은술

조리 방법

1 쇠고기는 0.2~0.3cm 두께의 손바닥 크기로 넓적하게 저며 썬 다음 밑간을 한다.

2 우엉은 껍질을 벗기고 10×0.1×0.1cm로 채썰어 식초를 탄 물에 삶는다.

3 당근도 우엉과 같은 크기로 썰고, 미나리는 다듬어 씻고 끓는 물에 데쳐 물기를 짠 후 소금간을 한다.

4 건표고는 따뜻한 물에 담가 기둥을 떼어내고 채썬다.

5 미나리를 제외한 (2)~(4)를 살짝 볶아 식힌 다음 소금간한다.

6 쇠고기를 넓게 펴서 그 위에 밀가루를 솔솔 뿌리고, 미나리와 (5)의 재료를 가지런히 놓은 다음 김밥 말듯이 꼭꼭 싼다.

7 (6)을 실로 묶어 달궈진 팬에 기름을 두르고 돌려가며 살짝 굽는다.

8 간장에 설탕을 비롯한 양념과 향미 채소를 넣어 조린 후, 체에 걸러서 조림장을 만든다.

9 조림장에 (7)을 넣고 볶듯이 뒤적인다.

10 (9)가 식으면 실을 풀고 어슷썰어 접시에 담는다.

대합구이
Baked Clam

재료 및 분량

재료	분량
대합	5개
조갯살	50g
쇠고기	30g
두부	50g
달걀	1개
밀가루	1큰술
양념	
소금	1/2작은술
다진 파	2작은술
다진 마늘	1작은술
깨소금	1작은술
참기름	1작은술
후춧가루	1/8작은술

조리 방법

1 대합은 끓는 물에 넣어 입이 벌어지면 꺼내서 살을 발라 내고 껍질은 씻어 놓는다.

2 조갯살은 달궈진 팬에 잠깐 볶아 물기를 빼서 (1)과 함께 다진다.

3 쇠고기는 곱게 다지고, 두부도 물기를 짜서 곱게 으깨서 (1), (2)의 조갯살과 함께 섞어 고루 양념한다.

4 (1)의 대합 껍질에 기름을 묻혀 밀가루를 뿌리고 (3)의 소를 편편하게 채워 살 부분에 밀가루를 묻힌 후 달걀을 씌워 지진다.

5 이를 석쇠에 뒤집어(껍질 쪽으로) 약불에 굽는다.

6 접시에 보기 좋게 담는다.

사슬적

Skewered Beef and Cod

재료 및 분량

재료	분량
쇠고기	100g
대구살	200g
두부	30g
밀가루	1큰술
잣	1작은술
꼬치	3개
식용유	1큰술
생선 양념	
소금	1/2작은술
참기름	1작은술
깨소금	1작은술
다진 파	2작은술
다진 마늘	1작은술
생강	1/4작은술
후춧가루	1/8작은술
청주	1작은술
고기 양념	
간장	1/2작은술
설탕	1/4작은술
다진 파	1작은술
다진 마늘	1/2작은술
참기름	1/2작은술
깨소금	1작은술
후춧가루	1/8작은술
초간장	
간장	1큰술
설탕	1/4작은술
식초	1/2큰술

조리 방법

1 쇠고기는 핏물을 빼서 곱게 다지고, 두부는 물기를 빼고 다져서 쇠고기와 함께 섞어 갖은 양념한다.

2 대구살은 가시를 발라내고 6×1×0.7cm 크기로 썰어 소금, 후춧가루, 청주로 밑간을 한 다음 물기를 빼서 나머지 양념을 한다.

3 잣은 눈을 따고 곱게 다져 가루를 낸다.

4 생선을 꼬치에 끼우고 밀가루를 묻힌 다음 사이사이에 (1)의 양념한 고기를 모양을 만들어 눌러 붙인다.

5 팬에 기름을 두르고 (4)를 지져 내어 접시에 예쁘게 담고 잣가루를 뿌린다.

패주산적

Skewered Scallop and Shrimp

재료 및 분량

패주	3알
중파	6대
생표고	2장
죽순	50g
중하	3마리
양념	
간장	1큰술
설탕	1작은술
다진 마늘	1/2작은술
다진 파	1작은술
생강즙	1/8작은술
깨소금	1작은술
참기름	1작은술
꼬치	3개

조리 방법

1. 패주는 신선한 것으로 골라서 내장을 제거한 뒤 소금으로 비벼 씻은 다음 두께에 따라 2~3쪽으로 가른다.
2. 중파, 표고, 죽순은 손질하여 각각 4×1.5×0.4cm로 자른다.
3. 중하는 껍질을 벗기고 내장을 빼낸 뒤 칼집을 넣는다.
4. 준비된 재료로 양념장을 만든다.
5. 꼬치에 위의 준비된 재료들을 색과 균형을 맞춰 꿴 뒤 달궈진 팬에서 초벌로 지져낸 다음 양념장을 발라 다시 지져내어 완성한다.

어선

Steamed Rolled Pollack with Vegetables

재료 및 분량

재료	분량
흰살생선(포 뜬 것)	100g
당근	15g
오이	15g
표고	1장
달걀	1개
녹말가루	3큰술
소금	1/2작은술
후춧가루	1/8작은술
초간장	
간장	1큰술
식초	1큰술
설탕	1/2작은술

조리 방법

1 생선은 얇게 포를 떠서 소금, 후춧가루를 뿌린다.

2 당근은 채썰고, 오이는 돌려깎기하여 채로 썰어서 소금을 약간 뿌렸다가 가볍게 물기를 짠다.

3 표고는 물에 불려 기둥을 떼고 채로 썰어서 간장과 설탕으로 버무린다.

4 달걀은 소금을 넣고 저어서 김 한 장 크기의 지단을 부친다.

5 팬에 기름을 두르고 준비한 당근과 오이, 표고를 각각 볶아낸다.

6 도마에 대발을 놓고 그 위에 지단을 놓고 녹말가루를 뿌린 후 그 위에 생선살을 빈틈없이 펴서 놓고 다시 녹말가루를 뿌린 후 볶아 놓은 재료를 색깔에 맞추어 길게 놓고 말아서 양 끝에 녹말물을 약간 발라 둥글게 말아 김이 오르는 찜통에 넣어 10분간 찐다.

7 생선이 식으면 1.5cm 길이로 잘라 접시에 담는다.

8 초간장을 함께 곁들인다.

오징어볶음 Sautéed Squid with Hot Pepper Paste Sauce

재료 및 분량

재료	분량	양념	분량
오징어	1마리	고추장	1큰술
양파	30g	고춧가루	2큰술
풋고추	1/2개	청주	2큰술
홍고추	1/2개	간장	1/2작은술
대파	1/2뿌리	설탕	1작은술
		다진 마늘	1작은술
		다진 생강	1/4작은술
		깨소금	2작은술
		참기름	1작은술

조리 방법

1 오징어는 내장을 제거하고 껍질을 벗겨 깨끗이 씻어 안쪽에 가로, 세로로 0.3cm 간격으로 칼집을 넣어 5cm 길이 1.5cm 폭으로 썬다.

2 홍고추, 풋고추는 씨를 털어내고 어슷썰고, 대파도 어슷썬다.

3 양파는 0.5cm 폭으로 썰고, 마늘과 생강은 다져 양념을 만든다.

4 팬에 기름을 두르고 양파, 대파, 홍고추, 풋고추를 넣고 가볍게 볶아낸다.

5 달궈진 팬에 오징어를 넣고 살짝 볶은 뒤 양념을 넣고 맛이 들게 볶아 (4)의 재료를 넣고 맛, 색이 어우러지게 볶아 접시에 낸다.

섭산삼 Fried Duduck Coated Glutinous Rice Flour

재료 및 분량

깐 더덕	200g
찹쌀가루	1컵
물	1/4컵
기름	2컵
소금	1/8작은술
초간장	
간장	1큰술
설탕	1/2작은술
식초	1큰술

조리 방법

1 더덕은 껍질을 벗기고 길이로 반갈라 방망이로 가볍게 두들겨 펴서 심심한 소금물에 담근다.

2 체에 내려 준비한 찹쌀가루 1/2컵을 물 1/4컵과 섞어 반죽하여 체에 내려 둔다.

3 소금물에 담갔던 더덕을 건져 물기를 제거하여 나머지 찹쌀가루로 골고루 묻히고 찹쌀가루 반죽으로 다시 묻혀 낸다.

4 열이 오른 기름에 넣어 하얗고 바삭하게 튀긴다.

5 튀긴 더덕을 그릇에 담고 초장을 곁들인다.

호두튀김 Fried Walnut

재료 및 분량

깐 호두	5개
튀김기름	1/2컵
설탕	1작은술

조리 방법

1 깐 호두를 뜨거운 물에 잠깐 불려 체에 건진다.

2 (1)의 속껍질을 벗겨 가볍게 물기를 털어 낸다.

3 (2)를 기름에 노르스름하게 튀겨 내어 설탕을 뿌린다.

등심꼬치 Skewered Rolled Beef

재료 및 분량

재료	분량
쇠고기(등심)	200g
소금	1/2작은술
다진 마늘	1/4작은술
후춧가루	1/8작은술
셀러리	1/2줄기
통마늘	5쪽
잣	10알
꼬치	10개

조리 방법

1 등심은 6×3×0.2cm로 고르게 포 뜬 다음 밑간을 한다.

2 셀러리는 껍질을 벗겨 3×1×0.8cm로 썬다.

3 마늘은 꼭지를 따고 0.3cm로 편썰기한다.

4 (2), (3)을 달군 팬에 기름을 두르고 볶아 놓는다.

5 (1)의 고기에 익혀낸 (4)의 셀러리를 말아 달군 팬에 굽는다.

6 (5)를 꼬치에 꿰고 양끝에 마늘과 잣을 끼워 접시에 담는다.

CHAPTER 6 다과상차림

6 다과상차림

다과상차림은 차 및 음료, 떡, 한과, 과일로 구성된 상차림으로 손님접대용으로 널리 이용되어 왔다. 계절에 따라 다양한 재료를 이용하여 절기에 맞는 떡과 음청류 등을 만들어서 현대에 맞는 다과상을 차릴 수 있다.

1. 다과상차림 정의

다과상은 차와 과자 등을 내는 간단한 상차리기로, 손님이 찾아왔을 때 내는 음식상과 손님 접대 외에 간식용으로도 많이 쓰인다. 계절에 따라 다과상의 내용이 달라 봄철에는 타래과, 경단, 송편, 꿀, 진달래화채, 과일 등이고, 여름철에는 정과류, 즉 당근정과, 연근정과, 생강정과 등과 증편, 수박화채, 보리수단, 과일 등을 내며, 가을철에는 율란, 대추초, 백편, 승검초편 등 각종 편류, 생률, 배화채, 과일 등을 겨울철에는 약과, 곶감쌈, 엿강정류, 밤초, 식혜, 수정과, 과일 등을 낸다.

2. 우리나라 다과상차림 구성

우리 고유의 떡에는 정성과 마음이 담겨 있어 무사안일을 기원하고 풍년을 기원하였으며 식량과 영양공급의 방법이 되었다. 청동기 농경문화의 정착부터 무문토기와 농기구가 발달하면서 발달된 떡은 우리 전통음식의 하나이며 제사나 제천의식 때에 많이 이용하였다. 곡식을 가루내어 물과 반죽해서 쪄 만든 음식을 통틀어 떡류라 하며 오래전부터 우리 민족과 함께 하여 왔고 흰떡, 시루떡, 인절미, 송편, 화전, 주악, 경단 등이 그 예이다.

우리나라에서는 전통적으로 내려오는 과자를 생과와 비교하여 가공한 과일이라는 뜻에서 '조과류', '과정류' 또는 '과줄'이라 하였으나 외래과자와 구별하기 위해 '한과'라 하였다.

우리나라는 금수강산이라고 불릴 정도로, 깊은 계곡의 맑은 물과 좋은 샘물이 도처에 있어 사람들은 이러한 자연의 감수를 가장 원초적인 음료로 즐겨 마셨으며 이를 응용하여 음료로 개발하였을 것으로 생각된다.

삼국시대로부터 전통음료는 후식류로 발달하게 되었고, 조과류와 함께 중요한 기호식품으로 자리잡게 되었다. 그러므로 한국의 전통음료는 종류, 형태, 조리법에 있어서 매우 다양하다. 일상식, 절식, 제례, 대·소연회식 등 우리 식생활과 관계 깊은 고유의 음료로 차, 화채, 밀수, 식혜, 수정과, 탕, 장, 갈수, 숙수, 즙, 미수 등이 이에 속한다.

1) 병과의 종류

떡은 만드는 방법에 따라 시루에 넣고 찌는 떡, 찐 다음 떡판이나 절구를 이용하여 쳐서 만드는 치는 떡, 기름에 지지는 떡, 찹쌀가루 반죽을 삶아 건져 낸 삶은 떡 등 크게 네 종류로 나눈다. 떡의 기본형은 가장 오래된 최초의 조리법인 시루에 찐 떡이다.

표 6-1 떡의 분류와 그 종류

떡의 분류	만드는 법	종류
찌는 떡(증병류)	시루에 넣고 찐다.	시루떡, 설기떡, 켜떡, 송편
치는 떡(도병류)	찐 다음 떡판이나 절구를 이용하여 쳐서 만든다.	인절미, 절편, 흰떡, 개피떡, 단자병류
지지는 떡(유전병류)	기름에 지진다.	화전, 주악, 부꾸미
삶은 떡	끓는 물에 삶아 낸다.	경단
단자병류	술을 넣어 발효시킨다.	증편

표 6-2 한과의 종류

유밀과류	강정산자류	다식류	정과류	숙실과류	과편류	엿강정류	엿류
약과 매작과	강정산자 빈사과산자 박산산자	송화다식 검은깨다식	연근정과 생강정과	밤초 대추초 율란 조란	앵두편 살구편	깨엿강정 콩엿강정	호박엿 생강엿 땅콩엿

2) 음청류의 종류

다류

① **녹차** : 차잎을 따서 말린 시기에 따라 탕의 온도를 달리한다.

② **유자청** : 껍질과 속을 따로 꿀에 재어 둔다. 비타민 C를 다량 함유하고 감기에 효과가 있으며, 맛과 향이 뛰어나다.

③ **모과차** : 흠집 없고 싱싱한 것으로 잘게 썰어 설탕에 재워서 끓는 물에 달여 먹는다. 겨울에 좋으며 기침, 해소, 소화촉진, 감기 등에 효과적이다.

④ **한방차** : 당귀차, 구기자차, 칡차 등이 있다.

⑤ **곡류를 이용한 차** : 보리, 콩, 옥수수, 율무, 녹차 등이 있다.

⑥ **서민이 자주 마시던 차** : 숭늉(밥이 주식, 부뚜막, 솥이 고정식이어서 손쉽게 얻을 수 있다), 미수 등이 있다.

화채류

① **오미자화채** : 말린 오미자를 물에 우려 내어(하루 정도) 설탕과 꿀로 맛을 내어 건지고는 배를 꽃 모양으로 떠서 띄운다.

② **보리수단** : 오미자 국물을 준비한다. 삶은 보리쌀에 녹두 녹말을 씌어 끓는 물에 삶아 건져 찬물에 헹군다. 헹군 보리쌀을 2~3번 반복하여 녹두 녹말을 씌워 삶아낸다. 끓여서 식힌 설탕물과 꿀을 오미자 국물에 탄 다음 녹두 녹말을 씌운 보리쌀을 넣고 잣을 띄운다.

③ **떡수단** : 잘게 썬 가래떡에 녹말가루를 묻혀 삶아 찬물에 건져 꿀물에 띄운 화채의 한 가지로 유월 유두 때 먹는 절식 풍습이 있다.

④ **원소병** : 찹쌀가루를 각 색으로 반죽하여 소를 넣고 빚어 삶은 다음 꿀물을 부어 먹는 음료로서 여름철 음료로도 좋고 정초 떡국상에 곁들이기도 한다.

⑤ **유자화채** : 설탕에 재어 둔 유자 알맹이와 채썬 유자 껍질과 배를 설탕물에 띄운 음료로 가을 냄새가 풍기는 화채이다.

⑥ **앵두화채** : 씨를 뺀 앵두를 꿀물에 띄운 음료로 단오절 음식으로서 일품이다.

⑦ **복숭아화채** : 꿀에 재운 복숭아편을 오미자 국물에 띄운 음료이다.

⑧ **밀감화채** : 밀감 알갱이를 설탕에 재었다가 꿀물이나 오미자 국물에 띄운 음료이다.

식혜류

① **감주(단술)** : 체에 친 고운 엿기름가루를 찬물에 잠깐 담가 두었다가 주물러서 고운 체로 걸러서 가라앉힌다 → 찹쌀이나 멥쌀을 찌거나 된 밥을 지어 뜨거울 때 전기보온밥통에 담고, 가라앉힌 엿기름의 웃물을 고운체에 걸러 보온밥통에 부으면 4~5시간쯤 뒤에 밥알이 4~5개 뜬다 → 밥알과 함께 잠시 끓인다.

② **식혜** : 감주에 밥알을 건져내어 찬물에 씻어 밥알과 감주물을 따로 보관하였다가 먹을 때 감주물에 밥알을 띄워낸다.

수정과류

① **곶감수정과** : 생강과 계피를 따로 끓인 후 합치고 곶감은 꿀물에 담가 두었다가 함께 마신다. 겨울철에 어울리는 우리 고유의 음료이다.

② **배수정과** : 배에 통후추를 박아서 생강물에서 끓인 음료로 배숙이라고도 한다.

3) 다과상의 예시

사계절이 뚜렷한 우리나라에선 예로부터 각 계절마다 명절과 절기가 있었고 또 그 절기에 맞춰 행해지는 풍속 또한 매우 다양했다. 이들 절기 때면 보통 그 계절에 맞는 떡과 과자, 화채 등을 만들어 나누어 먹었는데 이를테면 삼월삼짇날 꽃놀이를 가서 진달래 꽃잎을 찰떡에 붙여 지져 먹는 화전놀이를 하거나 오미자화채에 진달래꽃잎을 띄워 마셨다.

이렇게 계절의 정취를 만끽할 만한 여유가 점점 없어져 가고 있는 요즘, 각 계절의 변화를 느끼게 하는 다과상을 마련하여 가정에서나 찻집에서 대접한다면 대접받는 이나 대접하는 이의 마음 또한 한층 여유로워지지 않을까?

떡과 화채는 우리 전통음식 중 가장 계절의 미각과 멋을 느끼게 하는 음식이라고 할 수 있다. 봄에는 쑥이나 꽃을 이용한 쑥설기나 쑥절편, 개피떡, 화전 등에 새콤달콤한 오미자화채를, 여름에는 잘 쉬지 않는 깨고물을 쓴 찰편이나 술을 넣어 부풀린 증편, 찰떡을 지진 주악에 시원한 꿀물이나 과일을 곁들인다. 가을에는 그 해 수확한 잡곡과 햇과일을 넣은 떡에 음료는 따뜻한 차가 적당하다. 겨울에는 주로 곶감, 밤, 대추를 넣은 메떡이나 찰떡, 단자, 두텁떡 등을 많이 해먹는데 차는 온기를 더해주는 따뜻한 유자차나 모과차가 좋다. 특히 정월에는 떡국차례에 쓰이는 흰떡을 물들여 떡살로 찍어내는 절편에 유과나 엿강정, 엿 등을 곁들이고, 추석에는 햅쌀에 햇곡식과 과일을 소로 하여 빚은 송편, 햇과일로 만든 조과류나 화채가 어울린다. 한과류는 대개 엿이나 꿀이 들어가므로 눅어지기 쉬운 더운 계절에는 잘 만들지 않고 숙실과나 정과, 다식 등은 가을철, 특히 추석 즈음에 많이 해먹는다.

표 6-3 월별 다과상차림의 예시

월 별	떡	한 과	음청류
1월	꽃절편, 골무병	깨강정	수정과, 생강차, 인삼차
2월	약식, 꽃인절미	유과	원소병, 유자차
3월	화전, 복령병	쌀강정	오미자화채, 진달래화채
4월	쑥설기, 삼색편, 콩설기, 느티떡, 개피떡	매작과, 차수과	보리수단
5월	경단, 수리취절편, 주악	앵두편, 오미자편	보리수단
6월	깨찰편, 상추떡, 옥수수설기	섭산삼	송화밀수, 산딸기화채, 미숫가루
7월	증편, 꿀설기, 각색편, 쇠머리떡	각색정과	제호탕, 오미자화채, 여름밀감화채, 미숫가루
8월	개성주악, 계강과	밀쌈	수박화채, 과일화채
9월	송편, 산과병, 토란병	삼색란, 만두과	무차, 국화차
10월	단자류, 빙자병, 무시루떡, 국화전	다식	녹차, 봉수탕
11월	물호박떡, 대추인절미, 석탄병, 밤단자, 잡과병, 은행단자, 율고	약과, 대추초, 밤초, 모과편, 강란	유자화채
12월	두텁떡, 유자단자, 혼돈병	빙사과, 곶감쌈, 호두강정	배숙, 모과차, 식혜

콩찰편 Glutinous Rice Cake with Black Bean

재료 및 분량

찹쌀가루	9컵
소금	2작은술
설탕시럽	1컵
고물	
불린 검은콩	4컵
설탕	4컵
소금	2작은술

조리 방법

1 찹쌀은 깨끗이 씻어 12시간 불려 분량의 소금을 넣고 가루로 빻는다.

2 (1)의 찹쌀가루에 설탕시럽을 고루 섞은 후 체에 내린다.

3 검은콩은 깨끗이 씻어 8시간 이상 물에 불린다.

4 불린 콩에 설탕과 소금을 넣어 1시간 정도 재워 둔다. 사용하기 전에 체에 걸러 물기를 제거한다.

5 시루에 베보자기를 깔고 (4)의 불린 콩을 1/2 정도 깔고, (2)의 찹쌀가루를 수평이 되도록 고르게 안친 후 위에 나머지 콩을 깐 후 솥에 안쳐 25분 정도 찐다.

6 쪄낸 떡은 시루에 둔 채로 식혀 자른다.

약편

Rice Cake with Pureed Jujube and Rice Wine

재료 및 분량

멥쌀가루	1kg
소금	2작은술
막걸리(서울)	1/2컵
대추고	1컵
설탕	1/2컵

고명

잣, 밤, 석이, 대추, 호박씨	각 소량

조리 방법

1 멥쌀은 깨끗이 씻어 12시간 이상 물에 불려 소금을 넣고 빻아서 멥쌀가루를 준비한다.

2 대추고는 대추를 깨끗이 씻어 물을 자작하게 붓고 푹 고은 후(주걱으로 으깨주면서 걸쭉하게 될 때까지 고아 준다) 체에 걸러 씨와 껍질을 제거한다

3 빻아 놓은 멥쌀가루에 막걸리를 섞어 손으로 잘 비빈 후 체에 내린다.

4 (3)에 설탕과 대추고를 넣고 섞은 후 체에 다시 한번 내린다.

5 시루에 각종 고물(대추, 석이, 밤 등을 체친 것)을 깔고 (5)를 넣는다.

6 윗면을 편평하게 한 후 그 위에 원하는 모양으로 칼집을 주거나 몰드로 찍어 금을 만든 후 대추, 밤, 석이, 잣, 호박씨 등으로 모양을 낸다.

7 김이 오른 솥에 시루를 안치고 시루번을 붙인 후 쪄낸다.

8 쪄낸 후 한 김 나간 다음 모양대로 잘 꺼내 접시에 보기 좋게 담는다.

잡과병
Rice Cake with Dried Fruits and Nuts

재료 및 분량

재료	분량
멥쌀가루	8컵
소금	1 1/2작은술
꿀	1/2컵
물	1/2컵
밤	15~16개
대추	15개
곶감	6개
호두살	6개
잣	1큰술
유자청	1/4컵

조리 방법

1 멥쌀을 깨끗이 씻어서 12시간 정도 물에 담가 흠뻑 불린 다음 건져서 소금을 넣고 빻아 체에 내린다.

2 (1)에 꿀과 물을 넣어 고루 섞어 체에 다시 내려서 고운가루로 만든다.

3 밤은 껍질을 벗겨 4~6등분하고, 대추도 깨끗이 씻어 물기를 닦고 돌려깎기하여 씨를 발라 내고 4~6등분한다. 곶감도 넓게 펼쳐 씨를 발라 내고 대추 크기만 하게 자른다.

4 호두는 따뜻한 물에 담가 불린 다음 속껍질을 벗겨 쪼개 놓고, 잣은 고깔을 떼어 놓는다.

5 (2)의 쌀가루에 유자청을 넣어 고루 섞고 (3)과 (4)를 넣어 고루 버무려 놓는다.

6 시루에 시루밑을 깔고 (5)를 넣어 두께가 고르게 살짝 누르는듯 펴고 보자기를 덮고 뚜껑을 덮어 30~40분 정도 쪄 낸다. 한김 식혀서 시루에서 꺼내어 자른다.

약식

Sweet Glutinous Rice with Nuts and Jujube

재료 및 분량

재료	분량
찹쌀(불린 것)	5컵
소금	1/2작은술
물	3큰술
밤	10개
대추	10개
대춧물	1큰술
잣	3큰술
황설탕	1/2컵
진간장	3큰술
꿀	3큰술
참기름	3큰술

조리 방법

1 찹쌀을 깨끗이 씻어 일어서 12시간 이상 불린 후 건져 물기를 빼 놓는다.

2 찜통에 베보자기를 깔고 (1)의 찹쌀을 찌는데, 30분 찐 후 소금물을 끼얹고 나무주걱으로 고루 섞어준 후 한소끔 더 찐다.

3 밤은 작은 것은 2등분, 큰 것은 3등분으로 자른다.

4 대추는 돌려깎기하여 씨를 발라낸 후 2~3등분 길이로 자르고, 대추씨는 물을 조금 붓고 고아서 대춧물을 만든다.

5 잣을 마른 면포에 닦은 후 고깔을 뗀다.

6 (2)의 찐 찹쌀이 뜨거울 때 큰 그릇에 쏟아 펼쳐 황설탕, 진간장, 대춧물, 꿀, 참기름을 넣어 고루 섞은 다음 밤, 대추를 넣고 다시 버무린다.

7 찜통에 베보자기를 깔고 (6)의 버무린 약식을 담은 후 중불에서 15~20분 정도(밤이 익을 정도)로 찐다.

8 (7)의 약식을 큰 그릇에 쏟아 펼쳐 잣을 넣고 고루 섞은 후 담는다.

*찹쌀의 불린 상태에 따라 찌는 시간을 가감한다.

송편
Rice Ball Stuffed with Black Soybean

재료 및 분량

재료	분량
멥쌀가루	5컵
(멥쌀 1컵→멥쌀가루 1¾컵)	
소금	1/4작은술
끓는 물 2큰술/1컵(가루당)	
참기름	1작은술
솔잎	200g
멥쌀가루 1컵당	
쑥가루	1작은술
치자물	1/2작은술
코코아가루물	1/2작은술
딸기주스물	1/2작은술
소	
피밤	100g
설탕	1작은술
소금	1/5작은술
참깨	30g
소금	1/8작은술
시럽	2작은술
거피팥(가루낸 것)	1컵
시럽	1작은술
설탕	1작은술
소금	1/3작은술~1/2작은술
풋콩	150g
소금	1/4작은술

조리 방법

1 멥쌀은 12시간 이상 물에 불려 소금을 넣고 가루로 빻아 체에 내려 4등분하여 각각 쑥가루, 치자물, 딸기주스 물로 물을 들인 후 익반죽을 한다.

2 밤은 껍질째 삶아 속을 파내어 설탕, 소금을 넣고 체에 내린다.

3 참깨는 깨끗이 씻어 볶은 후 소금을 넣고 빻아 체에 내려 시럽을 넣고 버무린다.

4 거피팥은 불려 껍질을 제거하여 찜통에 찐 후 소금을 넣고 빻아 체에 내려 설탕, 시럽을 넣어 버무려 놓는다.

5 풋콩은 껍질을 벗겨 씻어 물기를 뺀 후 소금으로 간한다.

6 (1)의 반죽을 일정한 크기로 떼어 (2), (3), (4), (5)의 소를 각각 넣고 송편을 빚는다.

7 솔잎을 깨끗이 씻어 찜통에 깔고 (6)을 서로 붙지 않게 가지런히 놓은 후 솔잎을 덮어 계속해서 켜켜로 안쳐 20분 정도 찐다.

8 쪄낸 송편을 찬물에 씻어 건진 후 참기름을 발라 그릇에 담는다.

삼색편(각색편)

Colored Rice Cake

재료 및 분량

[백편]	
멥쌀가루	6컵
설탕시럽	130g
밤	3개
대추	4개
석이버섯	2장
잣	2작은술
[꿀편]	
멥쌀가루	6컵
꿀	1/4컵
황설탕	1/4컵
물	4큰술
진간장	1½작은술
밤	3개
대추	4개
석이버섯	2장
잣	2작은술
[승검초편]	
멥쌀가루	6컵
승검초가루	1큰술
(또는 쑥가루	2큰술)
당귀물	1큰술
설탕시럽	130g
밤	3개
대추	4개
석이버섯	2장
잣	2작은술

조리 방법

1 쌀은 깨끗이 씻어 일어서 물에 12시간 정도 담가 흠뻑 불린 다음 물기를 빼서 소금을 넣고 곱게 빻는다(소금의 양은 불린 멥쌀 양의 1%).

2 **백편** : 쌀가루에 설탕시럽을 넣어 비벼서 체에 내린다.
꿀편 : 따뜻한 물에 황설탕을 녹여 진간장과 꿀을 섞은 후 쌀가루에 넣어 고루 비벼서 체에 내린다.
승검초편 : 쌀가루에 승검초가루를 넣어 섞은 후 설탕시럽을 넣어 비벼서 체에 내린다.

3 밤, 대추는 2cm 길이로 채썰고, 석이버섯도 물에 불린 후 깨끗이 씻어 2cm 길이로 채썬다. 잣은 고깔을 떼고 길이로 반을 갈라 비늘잣으로 만들어 놓는다.

4 시루 밑에 한지를 깔고 꿀편 쌀가루를 안치고 면을 편평하게 한 후 그 위에 밤, 대추, 석이버섯, 잣 등의 고명을 색깔 맞추어 얹고 칼집을 낸 한지를 덮는다. 같은 방법으로 한지 → 승검초편 쌀가루 → 한지 → 백편 쌀가루를 안치고, 시루에 보자기를 덮은 후 김이 나면 뚜껑을 덮고 20~30분 정도 찐다.

5 한김이 나간 후 각편을 각기 떼어낸다.

색단자

Sweet Glutinous Rice Cake Coated Pine Nut Powder

재료 및 분량

찹쌀가루	2컵
물	½작은술
소금	약간
채썬 밤	90g
채썬 대추	40g
꿀	3큰술
잣가루	1½큰술
소	
대추	70g
유자청 건지	2½큰술
계핏가루	2/3작은술

조리 방법

1 찹쌀가루는 체에 쳐서 준비한다.

2 밤은 겉껍질과 속껍질을 벗겨 곱게 채썰어 색이 변하기 전에 찜통에 베보자기를 깔고 뜨거운 김이 날 때 살짝 쪄서 넓은 그릇에 펴 놓는다.

3 대추는 깨끗이 씻어 물기를 닦은 다음 씨를 발라 내고 겉껍질을 얇게 벗겨 곱게 채썰어 살짝 찐다. 석이버섯도 깨끗이 손질하여 채썰어 잠깐 쪄 낸다.

4 찹쌀가루는 찬물로 되직하게 반죽하여 둥글넓적하게 빚어 김 오르는 찜통에 젖은 베보자기를 깔고 푹 찐 다음 양푼에 쏟아 꽈리가 일도록 젓는다.

5 대추는 씨를 발라낸 후 곱게 다지고, 유자청도 건져 대추와 같이 곱게 다져 계핏가루를 섞어 소를 은행알 만큼씩 빚는다.

6 준비한 밤채와 석이채, 대추채, 고물을 섞어 쟁반에 펴 놓는다.

7 손에 물을 발라 떡을 15g씩 떼어 위의 소를 넣은 다음 갸름하게 쥐어 꿀을 바르고 채썰어 둔 고물에 굴린다. 나무젓가락으로 잣가루에 한 번 더 굴려 접시에 담는다.

오색경단

Five Colored Glutinous Rice Ball

재료 및 분량

재료	분량
찹쌀가루	6컵
끓는 물	12큰술
소금	1½작은술
집청꿀	
시럽	1/2컵
꿀	1작은술
고물	
콩가루	4큰술
녹두콩가루	4큰술
거피팥(불린 것)	1컵
계핏가루	1/8작은술
소금	1/6큰술
설탕	1큰술
검은깨	1/4컵
소금	1/8작은술
설탕	1작은술
카스텔라	50g

조리 방법

1 찹쌀은 깨끗이 씻어 일어서 12시간 정도 물에 불려 물기를 빼고 곱게 빻아 소금을 넣고 익반죽한다.

2 거피팥은 물에 12시간 불려 껍질을 제거하여 찜통에 쪄서 소금을 넣고 절구에 빻은 후 설탕을 넣어 체에 내린다.

3 검은깨는 잠깐 불렸다가 문질러 씻어 껍질을 벗기고 검은 물을 뺀 후 볶아서 소금을 넣고 절구에 빻은 후 설탕을 넣어 체에 내린다.

4 카스텔라는 중체에 내려 가루를 만든다.

5 냄비에 설탕과 물을 1 : 1 비율로 섞어 시럽을 만들어 꿀과 섞어 집청꿀을 만든다.

6 (1)을 직경 1.5cm로 둥글게 빚어 끓는 물에 삶아 찬물에 건져 물기를 뺀 후 집청꿀에 담갔다가 건져 콩가루, 녹두콩가루, 거피팥고물, 검은깨가루, 카스텔라의 고물을 묻힌다.

쑥굴리
Mugwort Glutinous Rice Ball

재료 및 분량

찹쌀가루	3컵
쑥가루	1큰술
물	6큰술
꿀(떡에 칠하는 것)	2큰술
팥고물	
거피팥(불린 것)	3컵
소금	1작은술
설탕	2큰술
소	
유자청 건지	1큰술
대추	5개
팥고물	1컵
꿀	1/2큰술

조리 방법

1 찹쌀가루에 쑥가루를 섞은 후 쌀가루 1컵에 물 2큰술씩 넣어 체에 내려 덩어리가 지게 해서 찜통에 15~32분간 쪄낸다.

2 쪄낸 (1)을 쟁반에 담고 뜨거울 때 꽈리가 일 때까지 방망이로 치댄다.

3 거피팥은 8시간 이상 불려 껍질을 제거하여 찜통에 20~30분간 찐 후 절구에 소금을 넣고 빻아 체에 내려 설탕을 넣는다.

4 유자청 건지는 곱게 다지고, 대추는 돌려깎기하여 씨를 제거한 후 곱게 다져서 팥고물, 꿀을 섞어 소를 만들어 알맞은 크기로 떼어 놓는다.

5 손에 꿀을 묻히고 (2)의 떡살을 조금 떼어 (4)의 소를 넣은 다음 갸름하게 직사각형으로 만든 후 겉에 꿀을 바르고 팥고물을 묻힌다.

*쑥가루 대신 쑥을 사용할 경우 50g의 쑥(잎만 떼어서)을 데쳐 쌀과 함께 빻는다.

*쌀가루를 빻을 때 소금의 양

– 멥쌀가루 : 불린 쌀량의 1.0%

– 찹쌀가루 : 불린 쌀량의 0.8%

화전

Pan Fried Glutinous Rice Cake with Flowers

재료 및 분량

찹쌀가루	1컵
끓는 물	2큰술
대추	2개
쑥갓	1줄기
집청꿀	
설탕시럽	1/2컵
꿀	1큰술

조리 방법

1 찹쌀을 깨끗이 씻어 12시간 이상 물에 담가 충분히 불린 후 소금을 넣고 가루를 빻아 준비한다.

2 찹쌀가루에 끓는 물을 넣어 익반죽한다.

3 냄비에 설탕 1/2컵과 물 1/2컵을 넣고 젓지 말고 시럽상태가 될 때까지 끓여 설탕시럽을 만든 후 꿀을 넣어 집청꿀을 만든다.

4 대추는 돌려깎기하여 씨를 발라낸 후 돌돌 말아 얇게 썬다.

5 쑥갓은 어린잎으로 조그맣게 잘라 물에 담가 놓는다.

6 (2)를 조금씩 떼어서 지름 5cm, 두께 0.5cm로 동그랗게 만들어 달군 팬에 기름을 두르고 지진다. 한 면을 먼저 지진 다음 뒤집어서 익은 면에 (4)의 대추와 (5)의 쑥갓을 붙인다. 찹쌀 반죽이 부풀어 오르면서 익으면 꺼내어 집청꿀에 담근다.

7 집청꿀에 충분히 담근 화전을 체에 건진 후 접시에 담아 낸다.

약과
Fried
Honey Cookies

재료 및 분량

밀가루(박력분)	60g(30%)
(중력분)	120g(70%)
후춧가루	1/4작은술
계핏가루	1/5작은술
참기름	2⅔큰술
꿀	2큰술
청주	2큰술
소금	1/4작은술
생강즙	2작은술
잣가루	1큰술
식용유	튀김용(5컵)
집청꿀	
시럽	1/2컵
꿀	1큰술

조리 방법

1 체에 내려 정확하게 계량한 박력분과 중력분에 후춧가루, 계핏가루를 넣어 체에 다시 한 번 내린다. 여기에 참기름을 넣어 잘 섞어 비빈 다음, 다시 체에 내린다.

2 꿀, 청주, 소금, 생강즙을 섞어 (1)에 넣어 반죽한다.

3 (2)의 반죽을 방망이로 밀어 4×4×0.5~0.7cm 크기로 잘라 네 모서리를 둥글리고 대꼬치로 구멍을 낸다.

4 155~160℃ 온도에서 (3)을 넣어 15~20분간 튀겨 낸다.

5 튀겨 낸 (4)의 기름을 뺀 후 집청꿀에 1~2분 정도 담갔다가 체에 밭쳐 건져 그릇에 담고 가운데 잣가루를 뿌려 낸다.

다식 Savory Soybean Powder

재료 및 분량

[송화다식]		[흑임자다식]	
송홧가루	1컵	검은깨	1컵
꿀	3큰술	꿀	1큰술
물엿	3큰술	물엿	2½큰술
[진말다식]		엿물	
밀가루	1컵	갱엿	150g
꿀	3큰술	물	1큰술
물엿	4큰술	엿물	100g
[콩다식]		참기름	1/8작은술
흰콩가루	1컵		
꿀	2큰술		
물엿	3큰술		

조리 방법

1 갱엿에 물과 물엿을 넣고 서로 섞일 정도만 끓여 엿물을 만들어 둔다.

2 **송화다식** : 송홧가루에 분량의 꿀과 엿물을 넣고 반죽한다.
진말다식 : 밀가루를 갈색이 날 때까지 볶아서 체에 내린 다음 분량의 꿀과 엿물을 넣고 반죽한다.
콩다식 : 흰콩가루에 분량의 꿀과 엿물을 넣고 반죽한다.
흑임자다식 : 검은깨는 씻어 볶아서 체에 내린 다음 분량의 꿀과 물엿을 넣고 반죽한다.

6 다식판에 참기름을 바르고 각각의 반죽을 넣고 꼭꼭 누른 후 찍어낸다.

우엉정과 Candied Burdock

재료 및 분량

우엉	200g
식초	1/8작은술
소금	1/8작은술
꿀(또는 조청)	1/4컵
설탕물	
설탕	1/2컵
물	1/2컵

조리 방법

1 우엉은을 가늘고 잘 영근 중간 부분을 골라 씻은 다음 껍질을 벗기고 0.3cm 두께로 썬다.

2 끓는 물에 식초를 조금 넣고 (1)의 우엉을 넣어 삶다가 거의 익으면 우엉을 건져 낸다.

3 설탕 반 컵에 물 반 컵을 부어 끓여서 설탕시럽을 준비한다.

4 삶은 우엉을 냄비에 담아 끓인 설탕물과 소금을 1/8작은술 넣고 약불에 조리다가 꿀이나 조청을 넣고 윤기가 나도록 조린다. 갈색이 되면 다 된 것이므로 불에서 내린다.

과편
Fruits Starch Jelly

재료 및 분량

[포도편]	
포도즙	2컵
포도	200g
물	200g
설탕	80g
녹두 전분	80g
[오미자편]	
오미자즙	2컵
오미자	10g
물	$2\frac{1}{2}$컵
설탕	80g
녹두 전분	80g
[오렌지편]	
오렌지즙	2컵
오렌지	1컵
물	$\frac{1}{2}$컵
설탕	80g
녹두 전분	80g
[사과편]	
사과즙	2컵
사과	1개
물	$\frac{1}{2}$컵
설탕	80g
녹두 전분	80g

조리 방법

1 **포도편** : 포도는 알알이 떼어 깨끗이 씻어 건진 후 분량의 물을 붓고 끓여 거즈에 걸러서 포도즙 2컵을 만든다.
오미자편 : 오미자는 깨끗이 씻어 끓여 식힌 분량의 물을 붓고 1일 정도 우려 내어 거즈에 걸러서 오미자즙 2컵을 만든다.
오렌지편 : 오렌지는 껍질을 벗겨 분량의 물과 함께 믹서에 간 후 거즈에 꼭 짜서 오렌지즙 2컵을 만든다.
사과편 : 사과는 껍질을 벗기고 분량의 물을 붓고 믹서에 간 후 거즈에 꼭 짜서 사과즙 2컵을 만든다.

2 (1), (2), (3), (4)를 각각 냄비에 붓고 분량의 설탕과 녹말가루를 넣어 고루 잘 섞은 후 풀을 쑤듯이 나무주걱으로 저어 가며 중불에서 끓인다. 액체가 투명해지고 윤기와 끈기가 생겨 주걱에 붙어 다니면 사기접시나 쟁반에 부어 상온에서 식힌다.

3 (5)가 굳으면 모양틀로 찍거나 4×1.5×0.7cm 크기로 잘라 그릇에 색을 맞추어 담아 낸다.

원소병
Glutinous Rice Ball Punch

재료 및 분량

반죽	
찹쌀가루	1/4컵
끓는 물	1/2큰술
찹쌀가루	1/4컵
치자물	1/2작은술
끓는 물	1/2큰술
찹쌀가루	1/4컵
오미자물	1/2작은술
끓는 물	1/2큰술
찹쌀가루	1/4컵
쑥가루	1/4작은술
끓는 물	1/2큰술
녹두 전분	4큰술
잣	12알
속	
대추	3개
유자청 건지	1/2큰술
유자청	1/2큰술
설탕물	
설탕	1/2컵
물	4컵
꿀	2큰술

조리 방법

1 체에 내린 찹쌀가루를 4등분하여 각기 치자물, 오미자물, 쑥가루로 물을 들여 다시 체에 내리고, 나머지 1/4은 그대로 하여 4가지 색을 낸 후 각각 익반죽한다.

2 대추, 유자청 건지는 곱게 다져서 유자청과 함께 고루 섞어 소를 만든다.

3 (1)을 완자로 빚어 가운데에 (2)의 소를 넣어 직경 1cm 크기로 동그랗게 빚어 녹두 전분가루를 입혀 끓는 물에 데친 후 찬물에 헹구어 체에 건져 낸다.

4 화채그릇에 끓여서 식힌 설탕물에 꿀을 타서 넣고 (3)의 완자를 색 맞추어 담그고 잣을 띄워 낸다.

배화채 Pear Punch

재료 및 분량

배	1/2개
물	4컵
설탕	1/2컵
꿀	1/4컵

조리 방법

1 분량의 물에 설탕과 꿀을 넣고 잘 녹인다.

2 배는 0.4cm 두께로 썰고 꽃 모양 깍지를 이용해서 꽃 모양을 찍어 낸다.

3 화채그릇에 꿀물을 ⅔ 정도 채우고 꽃 모양의 배에 설탕을 ⅛작은술만 뿌려 놓았다가 띄운다.

배숙 Boiled Pear and Pepper Beverage

재료 및 분량

재료	분량
배	1/2개
통후추	24알
생강	50g
잣	12개
유자즙	1큰술
설탕시럽	3/4큰술
꿀	1/4큰술
물	4컵

조리 방법

1 배는 껍질을 벗겨 3~4등분한 후 다시 반으로 토막을 내어 모서리를 다듬어 놓는다.

2 통후추는 깨끗이 씻어 건진 후 물기를 제거하여 (1)의 배 등쪽에 1~2개 박는다.

3 생강을 껍질을 벗겨 얇게 저며 한 번 끓여 버린 후 분량의 물에 다시 끓여 생강맛이 충분히 우러 나면 (2)의 배를 넣고 끓인다.

4 배가 익으면 배를 건져 내고 국물에 꿀과 시럽을 넣고 당도를 맞춘다.

5 (4)를 차게 식힌 후 화채그릇에 담고 배와 잣을 띄운 후 유자즙을 한 방울 떨어뜨린다.

진달래화전 Pan Fried Glutinous Rice Cake with Azalea

재료 및 분량

재료	분량
찹쌀가루	1컵
소금	1/4작은술
끓는 물	2큰술
설탕시럽 (설탕 : 물 = 1 : 1)	1/2컵
꿀	1큰술
진달래꽃	8송이

조리 방법

1 찹쌀을 12시간 전에 깨끗이 씻어 물에 담가 충분히 불린 후 가루로 빻아 준비한다.

2 찹쌀가루에 끓는 물을 넣어 익반죽한다.

3 설탕시럽에 꿀을 넣어 집청꿀을 만들어 놓는다.

4 진달래꽃은 꽃술을 따내고, 물에 씻어 건져 물기를 닦아 놓는다.

5 (2)를 조금씩 떼어서 지름 5cm, 두께 0.5cm로 동그랗게 만들어 달궈진 팬에 기름을 두르고 지진다. 한 면을 먼저 지진 다음 뒤집어서 익은 면에 (4)의 진달래꽃을 펼쳐서 얹는다. 부풀어 오르면서 익으면 꺼내어 집청꿀에 담근다.

6 집청꿀에 충분히 담근 화전을 체에 건진 후 접시에 담아 낸다.

각색정과 Candied Vegetables

재료 및 분량

재료	분량
[연근정과]	
연근	200g
식초	1/2작은술
설탕	100g
소금	1/2작은술
물	1큰술
꿀	4큰술
[생강정과]	
생강	200g
설탕	100g
소금	1/2작은술
물	1컵
꿀	4큰술
[도라지정과]	
도라지	200g
설탕	100g
소금	1/2작은술
물	1컵
꿀	4큰술

조리 방법

1 연근은 껍질을 벗기고 두께를 0.5cm로 둥글게 썰어 식초를 넣고 끓는 물에 하얗게 데쳐 내어 찬물에 담가 헹궈 낸다.

2 도라지는 4cm 길이로 잘라 굵은 것은 길이로 썰고, 생강은 생긴 모양 그대로 두께를 0.2~0.3cm 정도로 납작하게 썰어 끓는 소금물에 각각 살짝 데쳐 낸다.

3 준비한 연근, 생강, 도라지에 각각 설탕을 넣고 물을 부어 서서히 졸이면서 거품을 걷어 낸다. 거의 졸여지면 꿀을 넣어 윤기가 나도록 잠시 더 졸여 낸다.

증편 Fermented Rice Cake

재료 및 분량

멥쌀가루	1kg
소금	1큰술
막걸리(서울막걸리)	75g
설탕	100g
물	480g
고물	
밤, 대추, 잣, 석이	소량
참기름(식용유)	적량

조리 방법

1 멥쌀은 깨끗이 씻어서 5시간 이상 불린다.

2 불린 쌀은 소쿠리에 건져서 물을 빼고 소금을 넣어 두 번 더 빻은 후 체에 내린다.

3 준비된 쌀가루에 설탕 100g과 막걸리 75g을 넣고 물을 막걸리 5~6배 정도(약 480g) 붓고 반죽한다. 고추장 담그는 농도로 하면 된다.

4 그릇에 담아 비닐을 덮고 보자기를 덮은 뒤 따뜻한 곳에서 발효시킨다. 5~6시간 후 최초 부피의 2배가 되면 반죽을 주걱으로 저어주면서 공기를 빼고 2차 발효를 시킨다.

5 다시 덮어서 1~2시간 정도 두었다가 부피가 2배가 되면 또 기포를 빼준다.

6 찜솥에 보자기를 깔고 발효된 반죽을 붓고 그 위에 준비된 밤, 대추, 잣, 석이버섯으로 예쁘게 고명을 얹어 뚜껑을 덮지 않고 20분 정도 찌다가 뚜껑을 덮고 20분 정도 찐다.

7 쟁반에 비닐을 깔고 기름을 바른 뒤 쪄진 떡을 쏟아서 식힌 뒤 썰어서 접시에 담아 낸다.

*그릇 주위를 행주로 깨끗이 닦는다. 날가루가 빠지면 익지 않는다.
*막걸리는 살아 있는 효모가 있는 것을 사용한다.
*반죽 시 되직하게 반죽하는 것이 진 것보다 낫다. 되직하면 나중에 물을 첨가한다.
*보통 멥쌀 1말(10kg)에 막걸리 1병(750mL)이 알맞다.

삼색단자 Glutinous Rice Ball Filled Nuts

재료 및 분량

[대추단자]	
찹쌀가루	150g
물	3큰술
대추	40g
[석이단자]	
찹쌀가루	150g
물	3큰술
석이버섯	10g
[은행단자]	
찹쌀가루	150g
물	2큰술
은행	40g

고물	
잣	400g
소	
꿀	3큰술
밤	700g
소금	1작은술
계핏가루	1/2작은술

조리 방법

1 찹쌀을 깨끗이 씻어서 물에 12시간 정도 담가 불린 다음 건져서 소금을 넣고 가루로 곱게 빻아 체에 내린다.

2 밤은 껍질이 있는 채로 삶아서 속을 파내어 절구에 소금을 넣고 찧은 다음 꿀과 계핏가루를 섞어서 소를 만든다. 굵기가 0.5cm 크기로 길게 모양을 만들어 놓는다.

3 대추는 돌려깎기하여 매우 곱게 다져서 가루로 만들고, 은행은 삶아서 껍질을 벗기고 절구에 넣고 찧어 놓는다. 석이버섯도 깨끗이 씻어서 돌에 붙어 있던 자리를 떼어 내고 곱게 다져서 가루로 만들어 놓는다.

4 잣은 눈을 따고 곱게 다져서 체에 내려서 고물로 만든다.

5 찹쌀가루를 3등분하여 각각에 대추 다진 것, 은행 다진 것, 석이버섯 다진 가루 등을 넣고 잘 섞은 다음 분량의 물을 내려 놓는다.

6 찜통에 보자기를 깔고 (5)를 각각 약 20분 정도 잘 찐 후 꺼내어 각각 양푼에 쏟고 꽈리가 일도록 젓는다.

7 도마 위에 꿀을 바르고 (6)의 하나(은행, 대추, 석이)를 뭉쳐서 놓고 넓고 얇게(두께 0.3cm) 펴서 (2)의 소를 넣고 김밥 말듯 말아서 5cm 길이로 토막을 내어 (4)의 잣고물을 흠뻑 묻힌다. 대추단자, 은행단자, 석이단자를 같은 방법으로 만든다.

유자화채 Citron Punch

재료 및 분량

재료	분량
유자	1개
배	1/2개
석류알	1큰술
잣	1/2큰술
꿀	3큰술
설탕물	
물	3컵
설탕	1컵

조리 방법

1 유자는 길이로 4등분하여 유자 속의 과육 씨를 빼내고 2~3조각으로 자른다.

2 칼을 눕혀 유자 겉껍질과 속껍질을 분리하여 가늘게 채썰고, 배도 껍질을 벗기고 얇게 저며 유자와 같은 크기로 채썬다.

3 물에 설탕을 넣고 끓인 후 차게 식혀서 꿀을 섞어 화채국물을 만들어 놓는다.

4 그릇에 유자와 배 채썬 것을 돌려 담고 석류알과 유자 속, 잣을 가운데 담고 (2)의 화채국물을 가만히 부어 낸다.

*유자는 익히지 않고 생으로 먹는 것이므로, 표면을 흐르는 물에 4~5회 깨끗이 씻어 사용한다.
*화채국물을 차갑게 만들어 부어 낸다.
*건지를 담고 화채국물을 부을 때 모양이 흐트러지지 않도록 가만히 붓는다.

진달래화채 Azalea Punch

재료 및 분량

재료	분량
오미자	1/2컵
물	6컵
꿀	1/4컵
설탕시럽	1컵
진달래꽃	5송이
녹두 전분	2큰술
잣	12알

조리 방법

1 오미자는 선명한 붉은색이 나는 것으로 골라 깨끗하게 물에 씻어 체에 건져 놓는다.

2 물을 끓여 식힌 다음 (1)의 오미자를 넣고 하루 정도 담가 놓는다.

3 냄비에 물 1컵과 설탕 1컵을 넣고 시럽 상태가 될 때까지 끓인다.

4 붉게 우러난 (2)의 오미자물을 거즈에 밭쳐 맑게 준비한 후 (3)의 설탕시럽과 꿀을 넣어 단맛을 낸다.

5 진달래꽃은 꽃잎을 전부 떼어 내어 젓가락으로 한 잎씩 녹두 전분을 묻힌 후 끓는 물에 넣었다가 바로 꺼내어 찬물에 담근다.

6 화채그릇에 (4)의 오미자물을 담고 (5)의 진달래꽃잎과 잣을 띄워 낸다.

CHAPTER 7

한식세계화를 위한 상차림

7 한식세계화를 위한 상차림

외식산업의 급격한 발달과 함께 외식업체들은 한국음식의 상품화를 위해 다양한 노력을 기울이고 있다. 한그릇음식이 상품이 되는 경우도 많지만 특징 있는 한 가지 음식을 중심으로 어울리는 밥이나 면류 또는 반찬들을 더 곁들여 차려내는 일품반상을 다채롭게 개발하여 메뉴를 풍부하게 할 수 있다. 또한 관광산업의 발달과 국제 경기 및 회의가 국내로 유치되면서 우리나라를 방문하는 외국인이 증가하고 있다. 이에 따라 외국인들이 좋아하는 우리나라의 대표적인 음식에 대한 개발과 이에 적합한 상차림과 서비스에 대한 연구가 필요하다.

1. 외식업체의 일품반상차림

1) 세계화를 위한 상차림

우리나라 상차림은 대부분 한상에 차리는 형식으로 한상에 많은 음식을 차리게 되어 외국인들에게는 다소 부담스럽기 때문에 한국관광공사에서는 간단하게 서양식 상차림 형식에 맞추어 메인요리에 최소한의 기본요리를 곁들여 구성할 것을 권하고 있다.

우리 음식 가운데서 비빔밥, 너비아니, 갈비구이, 생선구이, 냉면, 만둣국, 전골 등의 대표적인 음식을 중심으로 한정식 상차림, 코스상차림 또는 일품반상차림 등으로 식단을 작성하는 것이다.

2) 일품반상차림

현대에는 전통적 형식을 갖춘 상차림을 기대하기 어렵게 되어 좀더 실속 있고 영양 있는 간편한 식단을 만들기 위한 방안이 고려되었다. 우리나라 외식업체에서도 외국인들에게 적합한 상차림으로 주식과 이와 함께 곁들이는 반찬을 더하여 일품반상차림을 만들게 되었다. 불고기가 중심인 불고기정식, 비빔밥 중심의 비빔밥정식 외에도 일본의 덮밥 형태, 중국의 볶음밥 형태가 우리의 식성에 맞게 만들어지고 이외에도 김밥, 쌈밥 등도 차림이나 조리 방법이 연구, 개발되고 있다. 우리 전통음식의 우수성을 확인하고 좀더 나은 식생활을 영위하도록 하기 위하여 낭비 없이 간결하게 차릴 수 있는 일인분의 반상으로 차리도록 한다.

표 7-1 일품반상차림의 예

상차림	메뉴
불고기정식 (너비아니정식)	밥, 콩나물국, 불고기(너비아니), 겨자채, 배추김치, 물김치
전골정식	밥, 두부전골, 배추김치
비빔밥정식	밥, 콩나물국, 나물, 고추장, 물김치
잡채정식	밥, 잡채, 완자탕, 두부조림, 배추김치
생선구이정식	밥, 무국, 생선양념구이, 삼색나물, 배추김치, 물김치
냉면정식	냉면(온면), 갈비구이, 동치미
만둣국상	만둣국, 빈대떡, 간장, 배추김치, 동치미
죽상	전복죽(장국죽), 매듭자반, 북어보푸라기, 물김치
삼첩 반상	밥, 국, 배추김치, 물김치, 사태찜, 간장, 삼색나물, 생선구이, 감자조림
신선로정식	신선로, 만두, 소면, 배추김치
한정식 A	탕평채, 연어구이, 불고기, 무생채, 김구이, 삼색전, 밥, 콩나물국, 배추김치, 물김치, 과일, 오미자화채
한정식 B	마른안주, 구절판, 대하찜, 너비아니, 생채, 신선로, 밥, 무국, 삼색나물, 홍합초, 배추김치, 물김치, 과일, 병과, 배숙

국밥

국밥은 세계적으로 보기 드문 특유의 식사법으로 많은 식구들에게 한번에 간단히 나누어 줄 수 있는 음식이다. 한 그릇으로 영양을 고루 취할 수 있기에 주식인 국밥과 나물, 생채, 전, 부침, 장아찌, 김치를 곁들여 구성한다.

탕반상차림

탕은 소의 고기, 뼈, 내장 등을 합하여 무르게 고아 만든 진한 맛의 영양 있는 국으로 밥을 따로 내는 것을 말한다. 그래서 탕반은 탕에 밥과 김치를 기본으로 차리고 나물, 생채, 전, 부침에서 선택하여 식단을 구성한다.

비빔밥상차림

비빔밥은 상차림이 번거로우므로 한 그릇의 밥에 각색의 재료를 보기 좋게 담아 고추장이나 간장을 기본으로 하여 양념장을 만들고 여기에 참기름을 넣어, 먹을 때 비벼서 먹는 것을 말한다. 그래서 비빔밥에 곁들이는 국은 맑은국으로 김치는 나박김치, 백김치, 동치미, 물김치 등 맑은 국물이나 진한 양념을 하지 않는 김치로 구성하는 것이 좋다. 반찬은 나물과 전, 부침을 같이 내 놓으며 나물은 두 가지 색 나물을 쓴다.

① **전주비빔밥** : 전주비빔밥에는 갖가지 나물과 고기 등 20여 가지의 재료가 들어간다. 비법이 몇 가지 전하는데 그중 하나는 밥을 지을 때 양지머리 육수를 부어 뜸이 들 무렵 콩나물을 넣고 밥의 김으로 살짝 데친 다음 솥 속에서 비빈다. 여기에 묵은 간장과 고추장, 참기름 등을 넣고 맨 위에 육회를 얹는다. 전주비빔밥의 특색은 무엇보다도 정성 들여 기른 콩나물과 오래 묵은 좋은 간장과 고추장에 있다. 전주비빔밥도 예전에 비해 맛이 많이 변했다고는 하나 50여 년간 대를 잇고 있는 한 음식점에서는 비법으로 육수로 지은 밥에 오래 묵은 장으로 나물을 무친다고 한다. 또 짧고 통통한 콩나물을 교동 샘물로 끓인 콩나물국을 곁들여야 제격이라고 한다.

② **진주비빔밥** : 경상도에는 진주비빔밥이 유명한데, 나물을 여러 가지 넣는다고 하여 '화반'이라고 부르기도 한다. 주로 계절채소를 숙채로 마련하는데 무칠 때 뽀얀 국물이 나올 때까지 손으로 잘 주물러야 맛이 제대로 난다. 바

지락살을 곱게 다져서 볶아 밥 위에 한 숟가락 얹고 반드시 선지를 넣어 끓인 보탕국을 곁들인다.

③ **헛제삿밥** : 경상도에는 헛제삿밥이란 음식이 있다. 말 그대로 제사를 올리지 않고 먹는 가짜 제삿밥이다. 그 유래의 한 가지는 쌀이 귀했던 시절 양반이라도 드러내 놓고 쌀밥을 먹기가 미안스러워 유생들이 모여 제사음식을 차리고 축과 제문을 지어 풍류를 즐기며 허투루 제사를 지낸 후 제사음식을 먹은 데서 비롯하였다고 한다. 또 한 가지는 제사를 지낼 수 없는 상민들이 제삿밥이 먹고 싶어 그냥 헛제사음식을 만들어 먹었다고도 한다. 요즈음 경상도 안동 지방 민속촌에서는 헛제삿밥을 팔기도 한다. 제대로 하려면 제사상에 육탕, 어탕, 소탕의 삼탕이 오르나 헛제삿밥에는 고기와 무를 넣고 끓인 탕과 산적, 전유어, 북어찜, 두부부침, 돔배기산적 등과 각색 나물을 함께 낸다.

④ **혼합밥** : 혼합밥은 쌀에 취나물, 곤드레, 콩나물 등의 재료를 넣어 밥을 짓고 양념장을 넣어 비벼 먹는 것을 말한다. 별식으로 먹는 것으로 겨울에 따뜻한 상태에서 비빔양념장을 넣고 맑은국과 김치를 곁들여 먹는다.

조랭이떡국상차림

개성 지방의 떡국 떡은 누에고치처럼 가운데 부분이 잘록한 것으로 조랭이떡이라고 한다.

일설에는 누에가 길함을 뜻하기 때문에 누에고치 모양으로 빚었다고도 한다. 홍선표의 『조선요리』에서는 "전국적으로 백병을 어슷어슷 길게 썰지만 조선 개국 초에 고려의 신심으로 떡을 비벼 경단 모양으로 잘라 내어 생떡국처럼 끓여 먹는데 이를 조롱떡국이라 한다."고 하였다. 중국에서는 탕병이란 원래 국물이 있는 밀가루음식을 일컫는 말이었다고 한다. 떡국은 우리나라만이 아니고 중국 서남부에서도 설음식의 첫째로 꼽았다. 무처럼 둥근 떡을 새끼손가락 굵기로 잘게 썰어 끓이며 우리처럼 떡을 물이 담긴 큰 독에 보관한다고 한다. 떡국은 조리과학적인 면에서 볼 때 굳어서 노화된 떡을 더운 장국에서 부드럽게 익힌 훌륭한 조리법의 음식이다. 국물을 좋아하는 우리 식성에도 잘 맞아 요즈음은 정월만이 아니라 대중적인 한식 일품음식으로 연중 인기가 있다.

떡국정식의 경우 호텔이나 한정식집에서 반드시 첨부시키는 찬에 물김치류가 들어간다. 이는 떡국의 텁텁한 맛에 대하여 입안을 상쾌하게 하기 위하여 다른 김치류를 대신한 것이다. 가정식에서는 떡국을 먹을 때 포기김치나 생채 또는 겉절이를 낸다.

냉면상차림

냉면이 처음 나오는 문헌은 『동국세시기』로 냉면을 시식으로 소개하였다. "무김치나 배추김치에 메밀국수를 말고 여기에 돼지고기를 섞은 것을 냉면이라 하고 잡채와 배, 밤, 쇠고기, 돼지고기 썬 것과 기름, 간장을 메밀국수에다 섞은 것을 골동면(비빔국수)이라 한다. 냉면은 평안도 냉면이 최고다."라고 하였다. 그 당시 평양이 냉면의 본고장이었으며 비빔국수도 즐겨 먹었음을 알 수 있다. 남쪽에서는 풍기냉면이 유명한데, 한말에 남쪽으로 피난 온 평양 사람들이 시작했다고 하니 평양냉면과 그 뿌리가 같다.

냉면 만드는 법은 『시의전서』에 처음 나온다. '동치미냉면'은 나박김치나 좋은 동치미국에 말되, 화청(음식에 꿀을 타는 것)하고, 양지머리, 배, 좋은 통배추김치를 다져 위에 얹고 고춧가루와 잣을 흩어 얹는다고 하였고, '장국냉면'이라 하여 고기장국을 식혀서 국수를 만 것도 소개되어 있다.

냉면을 반상차림으로 하는 경우 이전에는 단순히 김치류와 냉면에 들어가 있는 절인 무를 주로 제공하였으나 코스화하는 과정에서 단순히 냉면에 들어갔던 무나 김치는 내용물과 중복되는 경향을 보이므로 다른 채소를 무쳐서 내는데 주로 생채소, 오이 등을 무친다. 또한 다른 맛을 첨가하기 위하여 열무김치를 넣거나 혹은 전체적으로 기름기나 입 속의 질감을 증가시키기 위하여 기름에 튀겨 낸 부각류를 첨가하기도 한다.

3) 외식업체 일품반상차림의 예

(1) 비빔밥정식

외식업체 반상차림의 예	A식당	B식당
비빔밥정식	• 도라지나물, 호박나물(2색나물) • 어리굴무침 • 무나물(숙채) • 건파래무침 • 전	• 도라지나물, 호박나물(2색나물) • 어리굴무침 • 무나물(숙채) • 건파래무침 • 전 • 김치 • 고추장 • 물김치

도라지나물 Seasoned Balloom Root

재료 및 분량

재료	분량
도라지	200g
양념	
소금	1/2작은술
다진 파	2작은술
다진 마늘	1작은술
식용유	1작은술
깨소금	1큰술
물	2큰술

조리 방법

1 도라지는 껍질을 벗기고 가늘게 찢어 소금을 조금 넣고 바락바락 주물러 씻어 쓴맛을 뺀 후 물기를 꼭 짠다.

2 팬에 식용유를 두르고 도라지를 넣고 볶다가 소금, 다진 파, 다진 마늘을 넣고 다시 한 번 볶은 후 물 2큰술을 넣고 뚜껑을 덮어 약한 불에 익혀서 깨소금을 뿌린다.

어리굴젓 Salted Oyster with Hot Pepper Powder

재료 및 분량

재료	분량
생굴	500g
소금물	3컵
소금	1/2작은술
무	20g
양파	20g
물	1큰술
대파	20g
고운 고춧가루	4큰술
양념장	
설탕	1/4작은술
다진 마늘	2작은술
다진 생강	1/2작은술
소금	1작은술
통깨	1작은술

조리 방법

1 굴은 알이 작고 싱싱한 것으로 골라 소금물에 흔들어 씻어 굴 껍질과 굴적을 제거한 다음 굴에 밑소금을 뿌려 놓는다.

2 무와 양파에 1큰술의 물을 넣고 곱게 간 다음 고춧가루를 풀은 후 나머지 양념을 모두 넣고 섞는다.

3 대파는 3cm 크기로 자른 후 길고 가늘게 채썬다.

4 굴에 (2)의 양념과 대파를 넣고 부서지지 않도록 잘 버무린다.

무나물 Sautéed Radish

재료 및 분량

무	150g
소금	1/2작은술
실고추	1/8작은술
양념장	
참기름	1작은술
다진 파	2작은술
다진 마늘	1/2작은술
생강	1/4작은술
육수(물)	3큰술

조리 방법

1 무를 5×0.3×0.3cm로 고르게 채썬다.

2 실고추는 0.3cm로 잘게 썬다.

3 (1)에 소금을 넣고 기름을 두르고 볶는다.

4 (3)에 깨소금을 제외한 양념을 넣고 뚜껑을 덮어 익힌다.

5 (4)에 깨소금을 섞어 접시에 담는다.

표고전 Pan Fried Oak Mushroom

재료 및 분량

표고버섯(건)	8개
쇠고기	50g
두부	20g
밀가루	2큰술
달걀	1개
식용유	1/8작은술
쇠고기·두부 양념	
다진 파	1작은술
다진 마늘	1/2작은술
소금	1/4작은술
설탕	1/8작은술
참기름	1/4작은술
깨소금	1/2작은술
후춧가루	1/8작은술
초간장	
간장	1큰술
물	1큰술
식초	1/2큰술
설탕	1/8작은술

조리 방법

1 표고버섯은 따뜻한 물에 불려 기둥을 떼고 물기를 짜서 소금, 참기름으로 간을 한다.

2 쇠고기는 기름기를 제거한 후 곱게 다지고, 두부는 물기를 꼭 짜서 으깨어 쇠고기와 섞어 갖은 양념하여 끈기가 나도록 치댄다.

3 표고버섯 안쪽에 밀가루를 솔솔 뿌리고 고기소를 편평하게 채운다.

4 달걀은 소금을 넣고 잘 풀어 놓는다.

5 소가 들어간 쪽에 밀가루를 살짝 묻힌 후 풀어 놓은 달걀물에 담갔다가 건진다.

6 달군 팬에 기름을 두르고 고기소가 있는 쪽을 먼저 익힌 후 다시 뒤집어 살짝 지진다.

7 초간장을 곁들여 낸다.

(2) 갈비구이정식

외식업체 반상차림의 예	A식당	B식당
갈비구이(찜) 정식	• 생채소 • 청포묵무침 • 전(두 가지) • 된장찌개 • 반찬 9가지(마늘장아찌, 열무, 땅콩조림, 멸치조림, 젓갈(명태, 황태), 취나물, 북어포)	• 김치겉절이 • 묵(청포묵, 도토리묵) • 잡채(죽순) • 생채 • 조림(멸치, 연근, 호박) 중 1개 • 전(감자, 옥수수, 표고, 송이) • 갈비찜(구이) • 국, 밥 • 후식(과일, 화채) • 된장뚝배기(경우에 따라) • 알찜(비올 때)

갈비구이 Grilled Beef Ribs

재료 및 분량

갈비	400g
양념	
간장	3큰술
설탕	2큰술
다진 파	1큰술
다진 마늘	1작은술
깨소금	2작은술
참기름	1작은술
후춧가루	1/8작은술
배즙	2큰술

조리 방법

1 갈비를 6~7cm 길이로 토막낸다.

2 갈비뼈의 한편으로 칼을 넣어 고기를 얇게 저며 펴고 뼈에 붙은 쪽은 잘 드는 칼로 고기 부위에다 약 0.7cm 너비로 칼집을 넣어 구운 다음에 잘 떨어지게 한다.

3 양념장을 만들어 손질한 갈비에 적시듯이 고르게 무쳐 사이사이까지 양념이 잘 배도록 잰다.

4 석쇠를 뜨겁게 하여 갈비를 놓고 한 편이 거의 익었을 때 뒤집어 또 한 편을 굽는다. 이때에 갈비를 재웠던 양념장을 바르면서 구워서 윤이 나게 하고 뼈에 붙은 힘줄이 바싹 오그라들도록 한다.

무맑은장국 Clear Beef and Radish Soup

재료 및 분량

재료	분량
쇠고기	100g
무	300g
참기름	1큰술
다진 마늘	2작은술
물	6컵
간장	1큰술
파	1뿌리
후춧가루	1/8작은술
쇠고기 양념	
소금	1/3작은술
참기름	1작은술
후춧가루	1/8작은술
다진 마늘	1작은술

조리 방법

1 장국용 쇠고기는 채썰어서 양념하여 무친다.

2 무는 씻어서 2cm의 네모로 납작하게 썬다.

3 냄비에 참기름을 두르고 (1)의 고기를 볶아 색이 변하면 (2)의 무 썬 것과 다진 마늘을 넣어 한데 볶다가 물을 3컵만 먼저 붓고 끓인다.

4 무가 약간 무르면 나머지 물을 붓고 파를 어슷하게 썰어 넣고 푹 더 끓인다.

청포묵무침 Seasoned Mungbean Starch Jelly

재료 및 분량

재료	분량	재료	분량
청포묵	2모	마늘	1/6작은술
숙주	100g	후춧가루	1/8작은술
미나리	80g	**양념**	
쇠고기	50g	다진 파	1큰술
달걀	1개	다진 마늘	2작은술
김	1/4장	깨소금	2작은술
쇠고기 양념		참기름	2작은술
소금	1/4작은술	소금	2작은술
참기름	1/6작은술	후춧가루	1/8작은술
깨소금	1/8작은술	식용유	1/8작은술
다진 파	1/4작은술		

조리 방법

1 청포묵은 4장뜨기하여 0.3cm 간격으로 곱게 채썰어 끓는 물에 데쳐 내어 그대로 체에 밭쳐 식힌다.

2 숙주는 거두절미하여 끓는 물에 데쳐 내고, 미나리도 손질하여 5cm 길이로 썰어 데친다.

3 쇠고기는 결대로 5×0.2×0.2cm 크기로 채썰어 양념하여 볶는다.

4 달걀은 황, 백으로 나누어 지단을 부친 후 0.1×4cm로 채썰고, 김도 구워서 같은 길이로 채썬다.

5 (1), (2)를 각각 양념하여 (3)과 섞고 그릇에 담기 직전 (4)와 함께 버무려 낸다.

더덕생채 Seasoned Fresh Duduck

재료 및 분량

더덕	50g
소금	1/8작은술
양념장	
고추장	1/2큰술
고춧가루	1작은술
식초	1작은술
설탕	1작은술
다진 파	1/8작은술
다진 마늘	1/8작은술
깨소금	1/8작은술

조리 방법

1 더덕은 씻어서 껍질을 돌려가며 벗기고 편으로 썰어 소금물에 담가 쓴 맛을 우려 낸다.

2 파, 마늘은 곱게 다진다.

3 고춧가루를 체에 내려 고운 것만 준비한다.

4 생채 양념장을 만든다.

5 (1)의 더덕은 수분을 제거하고 방망이로 자근자근 두드린다.

6 (5)의 더덕은 가늘고 길게 찢은 다음 수분을 다시 한 번 제거해 준다.

7 생채 양념장과 찢은 더덕을 버무리고 접시에 담는다.

(3) 전골정식

외식업체 반상차림의 예	A식당
전골정식	· 두부전골 · 묵무침 · 게장 · 녹두전 · 나박김치 · 배추김치 · 후식(떡류)

두부전골
Soybean Curd Hot Pot

재료 및 분량

재료	분량
두부	1모(250g)
쇠고기	50g
무	100g
양파	50g
건표고버섯	3장
당근	50g
죽순	1/2개
미나리	30g
달걀	2개
녹말가루	2큰술
쇠고기 양념	
소금	1/6작은술
파	1/4작은술
마늘	1/4작은술
참기름	1/4작은술
깨소금	1/2작은술
후춧가루	약간
육수(4컵)	
물	6컵
쇠고기	100g
국간장	1작은술
소금	1작은술
통마늘	2쪽
대파	1/2뿌리
후춧가루	1/8작은술

조리 방법

1 두부는 3.5×2.5×0.4cm로 썰어 소금, 후추를 뿌린 후 간이 배이게 두었다가 한쪽만 녹말가루를 묻혀 지져낸다.

2 쇠고기는 곱게 다져 양념하고, 육수는 향미 채소를 넣고 끓여 체에 밭쳐 간을 맞춘다.

3 무는 5cm 길이로 잘라 길이로 채 썰고 양파도 채 썰어 놓는다.

4 건표고는 밑손질하여 4×1.5cm 크기로 썰어 놓는다.

5 당근, 죽순은 4×1.5×0.2cm 크기로 썰어 놓는다.

6 미나리는 줄기만 다듬어 ½은 끓는물에 데쳐내고 나머지는 초대를 부친 다음 4×1.5cm 크기로 썰어놓는다.

7 달걀은 황, 백 지단을 부친 후 4×1.5×0.3cm로 썰어 놓는다.

8 (2)의 다져서 양념한 고기 ½은 1.5cm 크기로 완자를 만들어 밀가루, 달걀옷을 입혀 지져 내고, 나머지 ½은 두부의 지져 내지 않은 쪽에 펴서 넣고 두 쪽을 맞 부친 후 데쳐낸 미나리줄기로 가운데를 돌려 감는다.

9 전골냄비 밑에 (3)의 무채 썬 것을 바닥에 깔고 그 위에 나머지 재료를 보기 좋게 돌려 담고 가운데는 두부를 올린다.

10 두부의 가장자리는 완자로 장식한 다음 육수를 부어 끓인다.

우무묵무침 Seasoned Agar Agar Jelly

재료 및 분량

우무묵	200g
깻잎	2장
무순	1/8작은술
소금	1작은술
참기름	1/2큰술

조리 방법

1 우무는 덩어리째 흐르는 물에 씻은 후 5×0.3×0.3cm 크기로 고르게 썬다.

2 깻잎은 돌돌 말아 가늘게 채썰어 찬물에 담갔다가 싱싱해지면 건져 물기를 뺀다.

3 우무에 소금과 참기름을 넣고 손끝으로 가볍게 살살 무치고 간이 고루 배면 채썬 깻잎을 섞고 무순을 얹어 낸다.

(4) 냉면정식

외식업체 반상차림의 예	A식당	B식당
냉면정식	• 채소(생채소, 오이, 무, 더덕)무침 • 찜, 조림(고구마, 오이선, 호박선) • 부각(김부각, 가죽부각, 콩잎부각, 들깨송이부각) • 열무김치	• 배추김치 • 식초 • 갠 겨자 • 냉면 무

냉면 Cold Buckwheat Noodle

재료 및 분량

재료	분량
냉면국수	400g
오이	1개
소금	1½작은술
무	80g
소금	1½작은술
배	100g
달걀	2개
갠 겨자	2큰술
식초	소량
동치미국물	5컵
쇠고기 육수	
쇠고기	200g
물	12컵
파	1뿌리
마늘	3쪽
무 양념	
소금	1/3작은술
고춧가루	1/4작은술
다진 마늘	1/4작은술
다진 생강	소량

조리 방법

1 쇠고기를 찬물에 담가 핏물을 뺀 후 끓는 물에 고기를 넣고 끓인 다음 국물은 육수로 이용하고 다 익은 고기는 식혀서 5×3×0.2cm로 편썰기하여 냉면 고명으로 사용한다.

2 오이는 손질하여 어슷썰고 소금에 절인 후 물기를 뺀다.

3 무는 껍질을 벗기고 5×2×0.2cm로 썰어 소금에 절이고 물기를 짠 다음 양념한다.

4 배는 껍질과 씨를 제거하고 5×2×0.2cm로 썬다.

5 냉면은 끓는 물에 삶아낸 다음 찬물에 2~3회 헹구고 1인분씩 사리를 지어 채반에 놓는다.

6 동치미국물과 육수를 동량으로 섞는다.

7 냉면에 (1)~(4)의 고명을 얹은 후 육수를 붓고 식초와 겨자를 곁들인다.

*열량 섭취가 많아야 하는 경우에는 전류(녹두전이나 해물전)나 구이류(갈비구이나 버섯불고기산적) 중 1개를 메뉴로 첨가하면 된다.

채소냉채 Green Vegetable Salad

재료 및 분량

재료	분량
양상추	70g
치커리	30g
청경채	30g
무순	1/8작은술
오이	1/3개
참깨 소스	
참기름	1/2컵
식초	1/2컵
설탕	1/2컵
참깨	1/2컵
소금	1작은술

조리 방법

1 샐러드용 채소를 한입 크기로 뜯어 찬물에 담갔다가 싱싱해지면 건져 물기를 뺀다.

2 참깨는 곱게 갈아 준비한다.

3 참기름, 레몬식초, 설탕, 소금과 (2)를 섞어 고루 젓는다.

4 여러 가지 채소를 접시에 풍성하게 담고 (3)의 참깨 소스를 끼얹는다.

무생채 Radish with Hot Pepper

재료 및 분량

재료	분량
무	200g
양념	
식초	2큰술
설탕	1큰술
소금	1/2작은술
고춧가루	1큰술
깨소금	1/2작은술
파	1작은술
마늘	1/2작은술
생강	1/8작은술

조리 방법

1 무는 6×0.2×0.2cm로 일정하게 채썬다.

2 고춧가루는 곱게 다지거나 체에 거른 다음 무에 버무린다.

3 식초, 설탕, 소금을 넣어 간을 맞추고 나머지 양념을 넣어 버무린다.

4 접시에 보기 좋게 담는다.

(5) 조랭이떡국정식

외식업체 반상차림의 예	A식당	B식당
떡국정식	· 물김치(꼭) · 전 · 도토리묵무침 · 생채 · 겉절이	· 물김치(꼭) · 전 · 생채

조랭이떡국 Rice Ball Soup

재료 및 분량

재료	분량
조랭이떡	500g
쇠고기(양지머리)	300g
대파	1뿌리
통마늘	4쪽
달걀	1개
소금	1작은술
간장	1큰술
물	8컵
고기양념	
간장	1/4작은술
다진 파	1/4작은술
다진 마늘	1/4작은술
후춧가루	1/8작은술

조리 방법

1 흰떡을 가늘게 만들어 참기름을 바르면서 나무칼로 썰어 조랭이떡을 만든다.

2 양지머리는 물을 넉넉히 붓고 파, 마늘을 넣고 푹 고아 고기가 무르면 건져 가늘게 찢어서 고기양념으로 무친다.

3 국물은 식혀서 기름을 걷어 내고 8컵 정도 만들어서 간장과 소금으로 간을 맞춘다.

4 달걀은 지단을 부쳐 마름모꼴로 썬다.

5 조랭이떡은 찬물에 씻어 건져 끓는 장국에 넣은 뒤 익어 떠오르면 파 채 썬 것을 넣고 한소끔 더 끓인 후 그릇에 담고 양념한 고기와 달걀지단을 얹어 낸다.

애호박전 Pan Fried Young Pumpkin

재료 및 분량

재료	분량
호박	1/2개
달걀	1개
소금	1/8작은술
밀가루	30g
식용유	2큰술
홍고추	1개
초간장	
간장	1큰술
식초	1큰술
설탕	1작은술

조리 방법

1 호박은 어리고 가는 것으로 골라 0.3~0.4cm 두께로 썬 다음 소금을 살짝 뿌린다.

2 홍고추를 0.2cm 두께로 둥글게 썬 다음 씨를 털어낸다.

3 절여진 호박의 물기를 닦아내고 양면으로 밀가루를 묻혀 털어낸다.

4 달걀물을 고르게 풀어 호박에 묻혀 기름을 두르고 지진다

5 한쪽면에 고추를 올리고 가볍게 지져 초간장을 곁들인다.

(6) 생선구이정식

생선구이정식
• 생선구이(조기) • 찬(김치, 깍두기, 감자채볶음, 잡채, 도라지무침, 멸치볶음) • 전 또는 빈대떡 • 된장국 또는 아욱국 • 후식(오미자차, 수정과, 식혜)

머위나물
Seasoned Butterbur Stalks

재료 및 분량

삶은 머위줄기	200g
깐 새우살	100g
홍고추	1/2개
찹쌀가루	2큰술
물	6큰술
들깻가루	1큰술
식용유	1/2작은술
전체 양념	
소금	1/2작은술
다진 파	1/2작은술
다진 마늘	1/4작은술
참기름	1/2작은술
깨소금	1/4작은술

조리 방법

1 머위줄기에 소금을 뿌리고 문질러 씻은 다음, 끓는 물에 삶아서 찬물에 하룻밤 담가 둔다. 다음날 건져서 물기를 빼고 끝을 조금씩 자르면서 겉껍질을 벗겨 5~6cm로 썬다.

2 깐 새우살은 잡티를 제거하고 씻는다.

3 홍고추는 4×0.1×0.1cm로 채썬다.

4 찹쌀가루에 분량의 물을 섞어 고르게 풀고, 다시 들깻가루를 섞는다.

5 (2)의 새우를 볶아 놓고 (1)의 머위를 갖은 양념하여 홍고추를 넣어 함께 볶아 섞는다.

6 (5)가 뜨거울 때 (4)를 넣어 밑이 눌지 않도록 젓다가 서로 엉키면서 반투명색이 되면 불을 끄고 참기름, 깨소금을 넣는다.

조기구이 Grilled Croaker

재료 및 분량

조기	4마리
소금	2작은술

조리 방법

1 조기는 신선한 것으로 준비해 아가미를 벌린 사이로 나무젓가락을 집어 넣어 내장을 뺀 후 소금물에 통째로 씻어 물기를 걷는다.

2 조기의 물기가 빠지면 앞뒤로 서너군데 칼집을 넣고 소금을 고루 뿌려 10분 정도 둔다.

3 뜨겁게 달군 그릴 팬이나 프라이팬에 기름을 살짝 바르고 소금간한 조기의 물기를 닦아 중불에서 앞뒤로 굽는다.

별법 : 밀가루를 조기 앞뒤로 고루 묻힌 후 기름을 넉넉히 두른 팬에 지지거나 고춧가루 양념을 발라 구워도 맛있다.

멸치볶음 Stir Fried Anchovy

재료 및 분량

잔멸치	200g
식용유	1작은술
양념	
간장	1큰술
물엿	1작은술
설탕	2큰술
통깨	1작은술

조리 방법

1 잔멸치는 체에 밭쳐 지저분한 것을 털어 내어 손질해 놓는다.

2 달궈진 팬에 식용유를 두르고 손질한 멸치를 넣고 볶는다.

3 멸치가 바삭하게 볶아지면 양념을 재빨리 볶아낸다.

*멸치를 볶을 때는 많은 양의 물엿을 넣으면 딱딱해지므로 주의해야 한다. 청주를 넣어 주면 멸치의 비릿한 맛을 없앨 수 있고 마요네즈를 넣으면 멸치볶음이 한결 부드러워진다.

잡채 Glass Noodles with Sautéed Vegetables

재료 및 분량

재료	분량
당면	80g
간장	1큰술
설탕	1/2큰술
참기름	1/2큰술
오이	50g
당근	20g
청피망	50g
홍피망	30g
양파	30g
쇠고기	50g
불린 표고버섯	2장
달걀	1개
쇠고기·버섯 양념	
간장	2작은술
설탕	1/2작은술
다진 파	1작은술
다진 마늘	1/2작은술
참기름	1/2작은술
깨소금	1작은술
후춧가루	약간

조리 방법

1 오이는 가시를 제거하고 6cm 길이로 썰어 0.3cm 두께로 돌려깎아 6×0.3×0.3cm로 고르게 채썬다.

2 당근, 피망, 양파는 손질하여 오이와 같은 크기로 채썰어 놓는다.

3 쇠고기, 불린 표고는 손질하여 6×0.3×0.3cm로 썬 다음 양념한다.

4 달걀은 황백지단을 부쳐 6×0.2×0.2cm로 채썬다.

5 준비된 재료를 각각 볶아 식힌다.

6 냄비에 물 4컵을 넣고 끓으면 당면을 넣고 삶아 찬물에 헹구고 건져서 물기를 충분히 뺀 후 간장, 참기름, 설탕으로 밑간을 해두었다가 볶아 식힌다.

7 고기와 버섯, 당면을 제외한 모든 재료를 섞어 소금으로 간하여 물기를 짜고 고기, 버섯, 당면을 섞어 깨소금, 참기름으로 버무린다.

8 (7)을 그릇에 담고 황백지단 채를 올린다.

2. 외국인이 좋아하는 한국음식

1) 관광자원으로서의 음식

글로벌 시대인 21세기 지구촌의 최대 화두는 음식이다. 지구촌의 다양한 인종과 국가의 정체성을 규정하는 새로운 잣대가 음식이고, 현대인의 삶의 질을 평가하는 새로운 코드 또한 음식이다. 음식을 중심으로 한 식문화는 국가나 민족의 정체성을 대변하는 대표문화라 할 수 있다.

인간은 먹지 않고는 살 수 없다는 측면에서 음식이 생명유지의 수단이나 생활의 필수품 정도로 여겨지는 경향도 있다. 그러나 이것은 음식의 아주 작은 한 단면만을 이야기한 것에 불과하고 아주 중요한 측면을 간과한 것이다. 음식은 긴 역사의 흐름 속에서 환경의 영향을 받으며 형성된 민족 특유의 문화적 유산으로서 그 속에는 한나라의 역사와 전통이 담겨 있는 것이다.

시드니 민츠(Sidney Mints)는 인간에게 먹는다는 것은 절대로 순수하게 생물학적 행동이 아니며, 인간이 먹어온 음식에는 그것을 먹는 사람들의 과거와 연결된 역사가 담겨 있다고 지적했다. 이는 음식 그 자체 그리고 식사행위는 사회에 의해 영향을 받고 있는 것이며 이러한 점에서 음식과 음식을 먹는 행위는 문화라 할 수 있다. 그래서 우리가 문화나 역사 탐방, 해외여행을 떠날 때 여행지의 음식을 목적으로 하고 떠나는 경우도 종종 있다. 설사 그렇지 않다 하더라도 음식이 여행의 질을 평가하고, 그 여행지의 이미지를 결정지어 음식으로 인해 여행이 즐거워지기도 하고 음식이 입맛에 맞지 않아 고생했다는 경험담을 쉽게 전해들을 수가 있다.

음식은 세계 공통의 언어이며, 먹거리는 커뮤니케이션의 수단인 것이다. 이러한 의미에서 음식의 세계는 다른 것에 한발 앞서 글로벌화가 진행되어야 한다. 그러나 지금까지의 세계화에 대한 우리의 의식은 외국의 문물을 받아들이는 것에만 기울어져 있고 우리의 문물을 외국에 전달하고 보급할 수 있는 방안의 모색은 매우 적은 편이라는 사실을 고려하면 앞으로 우리 전통음식의 장점을 키우고 단점을 보완하면서 우리 음식문화를 확립하고 알려 나가야 할 필요성을 절실히 느낄 수 있을 것이다.

우리나라의 외국인 관광객 수는 1978년 100만 명, 1988년 200만 명, 1991년 300만 명, 1998년 400만 명을 넘어섰고, 2001년 '한국방문의 해'와 2002년 '월드컵' 개최에 따른 방한 관광객 수는 500만 명을 이미 넘어섰다.

앞으로 국제 관광객 수는 점점 증가할 것으로 전망되고 있으며, 관광산업은 다른 수출산업보다도 외화획득률이 높아 각국은 관광산업을 국가전략산업화하여 관광객 유치 경쟁을 벌이고 있는 실정이다. 세계관광기구에서 발표한 'tourism 2020 vision'에 따르면 앞으로의 관광환경은 해외여행이 일상화되면서 세계화(globalization)에서 지역화(localization)로 여행환경이 변화되는 한편, 3Es(Entertainment, Excitement, Education)를 결합한 주제별 관광상품 개발이 필요한 것으로 보고되고 있다.

1999년 오이소박이가 「LA타임즈」에서 선정한 세계 10대 음식에 선정되었으며, 서울의 국립민속박물관에서 개최된 '한국문화이미지전'에서도 10항목 중 두 항목이 음식과 관련된 '김치와 불고기', '인삼'이었고, 김치가 세계 각국으로 수출되고 있으며 또한 외국인 관광객들의 김치와 인삼 등의 식료품 구매가 증가하는 등 우리 전통음식이 세계 식품으로서의 가치를 보여주고 있는 것이 사실이지만 아직도 전체적으로 외국인의 한국음식에 대한 인지도는 아주 낮은 것으로 보인다.

한 연구결과에 따르면 한국 전통음식에 대한 인지도 조사결과 김치와 불고기, 비빔밥이 가장 많이 먹어본 음식으로 나타났고, 기호도 조사 결과로는 불고기가 1위였으며, 갈비구이, 비빔밥, 김치 등의 순위로 나타났으며, 한국음식이 자극적이라고 생각하는 사람보다 그렇지 않은 사람이 더 우세하였고 매운맛에 대한 선호도도 상당히 높은 것으로 조사되어 한국음식의 매운맛이 세계화될 수 있음을 시사한다.

국적에 따라 맛에 대한 선호도에 차이가 있었는데 미국이나 캐나다 등 영어권 외국인들이 일본이나 중국어권 외국인들보다 자극적인 맛을 선호하는 경향이 있으며 매운맛의 경우 중국인이나 일본인은 물론 영어권 외국인들도 선호도가 높은 것으로 알려진다. 또한 국적에 따른 음식의 선호도도 다른 것으로 나타났는데(표 7-2), 여러 나라 사람들이 공통적으로 좋아하는 음식은 불고기, 갈비구이, 비빔밥, 김치, 잡채 등을 들 수 있다.

표 7-2 국적별 선호도가 높은 음식 종류

국가	선호음식
중국	오리고기, 닭강정, 닭고추장구이, 돼지불고기, 닭날개구이, 튀김만두, 꼬치, 갈비찜, 용봉탕
일본	칼국수, 삼계탕, 갈비찜, 닭고추장구이, 비빔밥, 갈비탕, 탕평채, 불고기, 파전, 녹두부침, 백김치, 구절판
동남아	삼계탕, 만두, 녹두부침, 버섯전골, 두부전골, 파전, 겨자채, 냉채
미국/캐나다	불고기, 갈비찜, 갈비구이, 비빔밥, 삼계탕, 갈비탕, 전류, 빈대떡, 백김치, 오이소박이
유럽	불고기, 제육구이, 만두, 녹두부침, 닭조림, 갈비구이, 밀쌈, 전류, 백김치
중동	오이선, 잡채, 불고기, 비빔밥, 구절판, 탕평채, 백김치

2) 전통음식의 접대

한국음식의 세계화를 위해서는 전통적인 한국의 맛을 보급하는 것도 중요하지만 그보다 먼저 외국인들의 미각을 이해하고 그들이 원하는 한국요리를 제공하는 것도 중요하다. 즉, 한국 전통의 맛을 크게 벗어나지 않는 범위 내에서 외국인들의 특성을 고려해 맛을 변형할 수 있어야 할 것이다.

맛

한국음식을 외국사람에게 소개하기 위해서는 우선 맛을 외국인의 입맛에 맞게 조정할 필요가 있다. 강한 맛을 주는 파, 마늘의 양을 음식에 따라 적절히 조절하며 매운맛을 주는 고추나 고춧가루의 양을 외국인의 기호에 따라 조절할 수 있다. 된장 등 익숙하지 않는 양념 등도 처음 먹은 외국인에게는 생소할 수가 있으므로 조리법을 변화시켜 볼 수가 있다.

서비스

배식방법도 고려해야 할 사항이다. 예를 들어, 여러 명이 공동으로 먹는 식사형태에 익숙하지 않은 외국인의 특성을 고려한다면 음식을 배분할 때 일인분의 개념을 적용한 배식방법이나 덜어서 먹는 방법을 고려해봄도 바람직하다. 또한 한 상에 전부 차려져 있는 형식을 코스대로 서비스하던지 밑반찬으로 몇 가지 찬을 내놓고 주요 음식을 서비스하는 방법도 있다. 본 장에서는 한국을 찾은 외국 관광객들에게 한국음식의 우수성과 건강지향성을 알려 관광자원으로서 우리 전통음식을 활용할 수 있도록 몇 가지 보기를 제시하고자 한다.

먼저 주요리는 선호도가 높은 전통음식을 계절에 따라 4가지로 분류했으며 거기에 따르는 전채요리와 반찬 및 후식은 주요리에 어울리면서 영양적 · 기호적인 특성을 고려하여 결정한 정식메뉴 형태 4가지를 제시하고자 한다. 그밖에 외국인이 좋아하는 다양한 일품요리들을 소개하며, 이는 제시되는 4가지 정식메뉴 대신 대체할 수 있는 요리들로서 얼마든지 활용 가능하다. 물론 국적에 따른 외국인의 기호도, 계절 특성, 재료의 특성 등 여러 가지 외적인 조건들에 따라 주요리를 비롯한 곁들임음식도 충분히 변형하여 한국음식을 통한 외국인의 미각을 사로잡을 수 있기를 바란다.

3) 외국인을 위한 식단의 예

여러 가지 채소로 봄 기운을 내는 메뉴

호박죽(pumpkin gruel)
비빔밥과 콩나물국(cooked rice with assorted vegetables and bean sprout soup)
나박김치(green onion kimchi)
쑥굴리와 수정과(mugwort rice cake)

- **비빔밥** : 맛과 색이 화려한 전라도 향토음식의 하나로 전주비빔밥이 가장 유명하다. 이 비빔밥의 생명은 고슬고슬하게 잘 지은 밥으로 육수에 밥을 지어 맛을 돋운다. 맛있게 지은 밥을 보기 좋은 대접에 담고 그 위에 미리 만들어 둔 콩나물, 시금치, 고사리, 도라지, 미나리, 표고버섯과 같은 여러 가지 나물과 쇠고기, 양념, 달걀 등을 모양 있게 색을 맞추어 얹어내면 먹을 때 비벼서 먹는다. 이때 콩나물국, 장국 혹은 나박김치를 곁들이면 더욱 좋다. 나물은 계절에 맞추어 고르되 되도록 색채로 영양소의 배합이 좋도록 한다. 특히 채식주의자들의 경우는 쇠고기와 달걀을 빼고 풍성한 나물 위주로 한다.

스테미너식사로 한 여름 나기 메뉴

오이선(steamed cucumber)
삼계탕(chicken soup with ginseng)
깍두기(hot raddish Kimchi)
송편과 오미자화채(assorted rice cake and fruit punch)

- **삼계탕** : 여름철에 보신하기 위하여 닭에 인삼을 넣고 푹 고아서 먹는 한국 전통보양식을 삼계탕이라고 하고 병아리보다 조금 큰 영계를 이용한 것은 영계백숙이라고 한다. 내장을 꺼낸 닭의 뱃속에 인삼, 찹쌀, 마늘, 대추 등을 넣고 물을 넉넉히 부은 냄비나 솥에 푹 삶아 고기가 충분히 익었을 때 건져낸다. 닭이 주재료이긴 하지만 인삼, 찹쌀, 밤, 대추, 마늘 등의 부재료와 함께 동물성 식품과 식물성 식품이 잘 어울린 대표적인 우리나라 음식 중의 하나이다. 특히 인삼의 약리작용은 스트레스, 피로, 고혈압, 동맥경화증, 빈혈 등에 유효하며 항암작용이 보고되고 있으며, 닭고기는 고단백식품으로 지방함량이 쇠고기보다 낮아 맛이 담백하고 소화 · 흡수도 좋은 재료로 여름 별식으로 훌륭한 스테미너식이 된다.

한가위의 마음으로 넉넉한 가을 메뉴

양송이볶음(stir-fried mushroom)
너비아니와 밥(grilled marinated beef and cooked rice)
된장찌개(assorted beef stew with soybean paste)
상추와 쌈장(lettuce and seasoned soybean paste)
송편과 생강차(ginger tea)

- **너비아니(불고기)** : 맥적 혹은 설하멱적이 변하여 너비아니가 되고 불고기가 되었다. 적이라는 말의 의미는 꼬챙이에 꿴다는 것으로 과거에 고기요리를 익히는 방법을 알 수 있다. 그러나 그후 석쇠에 구웠고 지금의 불고기는 불판에서 육수와 함께 익혀 먹는다.

구이용 고기는 결합조직이 적고 지방질이 근육 속에 조금씩 산재해 있는 부위가 맛이 있기 때문에 안심이나 등심 등의 부위가 가장 많이 사용된다. 연한 고기를 얇게 썬 다음 배즙, 청주, 설탕 등을 이용하여 고기를 연화시키고, 진간장, 파, 마늘, 깨소금, 생강즙, 후춧가루, 참기름 등의 양념장을 만들어 잘 주물러 30분 정도 재워둔 후 먹을 때 중불에서 천천히 굽는다.

육류 단백질의 응고 온도인 40℃ 전후에서 굽는 것이 가장 맛있게 구울 수 있으므로 석쇠로 구울 때는 석쇠를 불에 얹어서 달군 다음에 고기를 펴 놓고 센 불에서 겉만 익힌 후 중불에서 속까지 익히면 육즙의 손실 없이 구울 수 있다. 불고기판으로 구울 경우에는 불고기판을 먼저 불에 올려 넣고 육수를 부은 다음 고기를 고루 펴 놓고 익기 시작하면 한 번만 뒤집어서 익히는 것이 가장 좋다.

고기와 함께 양송이버섯, 표고버섯, 아스파라거스 등을 데쳐 볶은 것을 함께 서빙하거나 상추와 함께 차리는 것도 육류요리와 잘 어울린다.

복을 기원하는 새해 첫날 메뉴

잡채(mixed dish of vegetables and beef)
떡국(조랭이떡국; Duk soup)
빈대떡과 김치(pan-fried mungbean)
약과와 과일(wheat flour cookie with honey and fruits)

- **떡국** : 원래는 세단의 절식으로 종교적인 의미에서 비롯된 음식이다. 예전에는 떡국을 끓일 때 꿩고기를 사용하였으나 구하기 힘들어 지금은 쇠고기나 닭고기를 사용하여 만든 맑은장국에 얄팍하게 썰어 넣어 끓인 국을 말한다. 특히 조랭이떡국은 모양이 매우 독특한 개성 지방의 설음식으로 금방 뺀 흰 가래떡을 도토리만 하게 2cm 정도로 자른 뒤 가운데를 눌러서 누에고치 모양으로 만든 떡으로 끓인 것을 말한다.

다른 지방의 떡국 떡처럼 어슷하게 썰지 않고 바르게 뚝뚝 썬 뒤 가운데를 대나무칼로 눌러 마치 누에고치나 앵두를 포갠 모양으로 빚는다. 전통적으로 조랭이떡은 가운데가 잘록한 모양이 조롱박 같다고 해서 귀신을 물리친다는 의미를 담고 있고, 또 누에고치 같다고 해서 한 해의 길운을 상징하는 것으로도 본다.

육수가 끓을 때 떡을 넣고 떡이 떠오르면 그릇에 담아 양념한 고기와 달걀지단, 김, 잣 등의 웃기를 얹어낸다.

4) 국가별 해외 진출 유망 한식 메뉴의 예

국가	메뉴명	조리 설명
미국	갈비구이	• 쇠고기를 선호하고 찜보다 구이 선호 • 단맛과 짠맛을 줄인 간장을 이용한 양념에 재웠다가 즉석 구이
	너비아니	• 국물 있게 볶는 불고기의 형태보다 적합 • 쇠고기를 도톰하게 썰어 단맛을 줄인 양념에 재웠다가 직화로 구이
	김치해물 치즈파전	• 김치와 해물을 이용, 치즈를 첨가하여 부드럽고 고소한 맛을 더함 • 너무 익지 않은 김치를 이용하여 담백하게
	비빔밥	• 미국에서 구하기 쉬운 콜리플라워, 오이, 당근, 호박 사용 • 고기를 선호하므로 약고추장 사용
	닭갈비	• 닭고기를 고구마, 양배추 등 여러 채소들을 함께 매콤하게 볶아낸 음식 • 매운 맛의 정도는 양념장으로 조절
중국	갈비찜	• 걸쭉한 간장소스를 개발, 간장과 설탕으로 달콤하게 맛을 냄 • 대추, 은행, 밤을 넣어 건강식으로 어필
	너비아니	• 중국인이 선호하는 직화구이 방식으로 조리 • 훈제 향이 배어 팬에 굽는 것보다 선호
	삼색전	• 호박, 생선, 파프리카를 이용하여 맛과 모양에 차별화를 두어 식감을 살림 • 개인 입맛에 따른 간장 소스 맛 조절
	떡볶이	• 바삭한 식감을 좋아하는 중국인의 기호에 맞추어 떡을 기름에 바삭하게 튀겨 꼬치에 끼워 조리
	삼계탕	• 몸에 좋은 견과류를 갈아 넣어 고소한 맛을 냄 • 인삼을 넣어 보양의 이미지를 살림

(계속)

국가	메뉴명	조리 설명
일본	비빔밥	• 약고추장을 맵지 않고 달콤하게 개발 • 고추장에 고기를 넣어 볶다가 꿀을 넣어 매운맛과 꿀을 달콤함이 조화를 이룸
	갈비구이	• 일본인이 선호하는 직화구이 요리법 • 양념을 재우는 시간을 줄여 생고기의 질을 나타냄
	떡볶이	• 한국의 떡볶이보다 매운 맛을 낮춤 • 현지의 기호에 따라 해산물, 채소, 육류 등을 이용하여 깊을 맛을 더함
	불고기	• 불고기 양념의 단맛을 조절 • 쌈과 같이 구성하여 다양한 채소와 김치를 곁들임
	해물파전	• 막걸리와 더불어 인기 • 해산물과 파의 매운맛과 단맛이 고소한 기름의 맛과 잘 어우러짐
베트남	비빔밥	• 초절임한 오이와 당근을 사용하고, 베트남인들이 좋아하는 숙주를 이용 • 매운맛에 익숙치 않아 땅콩 소스도 제공
	김밥	• 김에 익숙하지 않은 베트남인들을 위하여 김을 보이지 않게 말음 • 셀러리, 당근 등 아삭한 채소 사용
	구절판	• 베트남인들이 좋아하는 새우, 오징어, 게살과 같은 해물을 이용 • 밀전병을 동그랗게 부쳐 직접 싸먹음
	김치전	• 맵지 않도록 김치의 양념을 조절 • 다진 돼지고기를 넣어 고소하고 부드러운 맛을 더함
	불고기전골	• 구이보다 전골 형태 선호 • 현지에서 조달 가능한 버섯과 채소, 당면 대신 베트남의 쌀국수를 이용

자료: 한식재단·농림수산식품부·농수산물유통공사(2010). 국가별 유망한식 메뉴개발보고서.

삼계탕

Chicken Soup with Ginseng and Glutinous Rice

재료 및 분량

닭	1마리
찹쌀	1/4컵
수삼	2뿌리
마늘	5쪽
대추	2개
소금	1작은술
후춧가루	1/8작은술
물	5컵

조리 방법

1 닭은 뱃속까지 깨끗이 씻은 후 다리 안쪽에 칼집을 넣는다.

2 찹쌀은 씻어 30여 분 불리고, 대추는 가볍게 씻는다.

3 수삼과 마늘은 손질하여 깨끗이 씻어 놓는다.

4 손질한 닭의 뱃속에 찹쌀과 마늘을 넣고 찹쌀이 빠져 나오지 않게 칼집 사이로 다리가 서로 엇갈리도록 끼운다.

5 큰 냄비에 (4)를 담고 잠기도록 적량의 물을 부은 다음 수삼, 대추를 넣어 센불에 끓이고 한소끔 끓으면 불을 줄여 푹 무르도록 삶는다.

6 닭이 익으면 건지고 국물은 식혀 면포를 깐 체에 걸러 기름기를 걷어낸다.

7 (5)의 닭과 수삼, 대추를 그릇에 담고 (6)의 국물을 부어 뜨겁게 데운 다음 소금, 후춧가루를 곁들여 낸다.

육개장
Spicy Beef Soup

재료 및 분량

재료	분량
쇠고기(양지)	200g
대파	100g
고사리	50g
숙주나물	100g
느타리버섯	100g
통마늘	6쪽
고춧가루	1큰술
참기름	1큰술
생강즙	1/4작은술
소금	1작은술
달걀	1/2개
후춧가루	1/8작은술
물	8컵
고기 양념	
간장	1작은술
다진 파	1작은술
다진 마늘	1/2작은술
참기름	1/2작은술
깨소금	1/3작은술

조리 방법

1 양지머리는 물에 담가 핏물을 제거한 후 끓는 물에 넣어 부드럽게 삶아 고기는 건져 놓고 밭쳐서 국물을 만든다.

2 삶아 놓은 고기는 5cm 길이로 고기 결대로 가늘게 찢어서 갖은 양념을 넣고 무친다.

3 고사리, 파는 손질하여 5cm 길이로 썰고, 느타리버섯은 삶아서 찬물에 헹궈 놓는다.

4 숙주나물은 손질하여 깨끗이 씻어 놓는다.

5 밑이 두꺼운 냄비에 식용유와 참기름, 고춧가루, 마늘 등을 넣고 낮은 불에 볶아서 고추기름을 만든다. 여기에 (1)의 육수를 넣고 팔팔 끓인다.

6 (5)에 (2)의 고기, (3)의 고사리, 버섯 등을 넣고 끓이다가 (4)의 숙주나물, 파 등을 넣고 맛이 잘 어우러지게 푹 끓이고 간장으로 간한다.

떡갈비구이
Grilled Short Rib Patties

재료 및 분량

갈비	400g
밀가루	1/2컵
소금	1/3작은술
찹쌀가루	2큰술
생강즙	1/8작은술
후춧가루	1/8작은술
은행	5알
양념장	
간장	1큰술
설탕	1큰술
소금	1/2작은술
양파	100g
마늘	1큰술
생강	1/4작은술
배즙	1큰술

조리 방법

1 5cm 정도의 갈비는 살과 뼈를 분리하여 놓는다.

2 기름기를 뗀 갈비살은 얇게 저며서 곱게 다져 놓는다.

3 (2)에 소금, 후춧가루, 생강즙, 쌀가루를 넣고 오래 치댄다.

4 갈비뼈에 밀가루를 묻히고 고기반죽을 붙인 다음 표면이 부드럽게 칼끝으로 손질하여 만진다.

5 배와 양파는 곱게 다져 고루 섞어 나머지 양념과 섞어 양념장을 만든다.

6 열이 오른 석쇠에 기름칠을 한 후 (4)의 떡갈비를 올려서 표면이 어느 정도 익으면 양념장을 발라가면서 속까지 완전히 익힌다.

7 은행은 파랗게 볶아 반으로 갈라 (6)에 살짝 올린다.

파전
Green Onion Pancake

재료 및 분량

재료	분량
실파	120g
굴	80g
깐 새우살	60g
밀가루	1/2컵
실파 밑간	
소금	1/4작은술
참기름	1/2작은술
밀가루즙	
밀가루	1/2컵
쌀가루	1/4컵
물	2/3컵
달걀	2개
소금	1작은술
식용유	2큰술
초간장	3큰술

조리 방법

1. 실파는 깨끗이 손질하여 10cm 길이로 자르고 줄기 쪽에만 소금을 뿌려 두었다가 참기름으로 양념한다.
2. 밀가루에 쌀가루를 섞어 멍울지지 않도록 물에 개어 둔다.
3. 달걀은 소금을 넣고 풀어 놓는다.
4. 굴과 새우는 소금물에 씻어 물기를 뺀 다음 새우는 굵직하게 다진다.
5. 파에 밀가루를 묻히고 가루즙에 버무려 기름을 두른 뜨거운 팬에 파 3~4줄기씩을 대공이 아래위로 가도록 가지런히 놓는다.
6. 굴을 밀가루에 굴려 (3)의 달걀을 무친 후 파 사이에 드문드문 놓고 위에 새우도 굴과 같은 방법으로 하여 얹어 지져 낸다.
7. 앞뒤를 모양 있게 지져 낸 다음 3.5×4cm 되도록 썰어서 초간장을 곁들여 낸다.

돈족찜
Braised Pigs' Trotters

재료 및 분량

재료	분량
돼지족(소)	4개
양념	
물	5컵
청주	1/2컵
된장	2큰술
조림장	
간장	1컵
물	6컵
설탕	2/3컵
물엿	3큰술
대파	1뿌리
마늘	4쪽
생강	20g
양파	1/2개
통후추	5알
건고추	3개

조리 방법

1 돼지족은 깨끗이 씻어 불에 털을 그을려 태운다.

2 물에 청주, 된장을 풀고 (1)을 넣어 센불에서 거의 익을 때까지 삶아 냉수에 씻어 놓는다.

3 냄비에 분량의 간장, 물, 설탕에 부재료를 넣고 (2)와 함께 은근한 불에서 계속 졸인다.

4 (3)을 뜨거울 때 살을 발라 내어 김발 위에 랩을 깔고 넓게 펼쳐 지름 4cm 크기의 원기둥형으로 말아 식혀 두었다가 두께 0.3cm 크기로 잘라 담는다.

녹두전
Mungbean Pancake

재료 및 분량

재료	분량
불린 녹두(물 1컵)	2컵
불린 쌀(물 3큰술)	2큰술
쇠고기	100g
숙주	100g
김치	100g
홍고추	2개
대파	1대
식용유	4큰술

쇠고기 양념

재료	분량
소금	1/4작은술
다진 파	소량
다진 마늘	1/2작은술
후춧가루	1/8작은술
참기름	1/2작은술
깨소금	1작은술

양념

재료	분량
다진 파	2큰술
다진 마늘	1큰술
다진 생강	1/2작은술
참기름	2작은술
깨소금	1작은술
소금	1/2작은술
후춧가루	1/8작은술

초간장

재료	분량
간장	2큰술
식초	2큰술
설탕	1/2작은술

조리 방법

1 거피 녹두는 따뜻한 물에 4~5시간 불려 껍질을 벗긴 다음 물에 곱게 갈아 놓고, 불린 쌀도 적량의 물과 함께 갈아서 녹두물과 함께 섞는다.

2 쇠고기는 채썰어 양념한다.

3 숙주는 머리와 꼬리를 다듬고 삶아 소금간한다.

4 김치는 송송 썰어 참기름 · 깨소금으로 무치고, 속재료를 모두 섞어 양념한다.

5 홍고추는 고르고 둥글게 썰어 물에 헹구어 씨를 제거하고, 파는 어슷어슷하게 썬다.

6 팬을 달구어 기름을 넉넉히 두르고 (1)의 갈아 놓은 녹두를 한 국자 떠 놓고 그 위에 준비된 재료를 골고루 얹고 고명 위에 녹두 반죽을 1/8작은술 바르듯이 해서 뒤집어 부친다.

7 썰어서 초간장과 함께 낸다.

편수
Cold Dumplings

재료 및 분량

재료	분량	재료	분량
밀가루	1½컵	다진 파	1/2작은술
소금	1/2작은술	다진 마늘	1/4작은술
물	5큰술	참기름	1/4작은술
애호박	100g	후춧가루	1/4작은술
소금	1/4작은술	**전체 양념**	
오이	200g	소금	1/8작은술
소금	1/2작은술	마늘	1/2작은술
건표고버섯	3개	깨소금	1/4작은술
쇠고기	50g	참기름	1/8작은술
식용유	1큰술	**초간장**	
잣	1큰술	간장	2큰술
쇠고기 양념		식초	1큰술
간장	1작은술	설탕	1/2작은술
설탕	1/3작은술		

조리 방법

1 밀가루는 소금물로 반죽해 0.1cm의 두께로 얇게 밀어 8×8cm의 정사각형의 만두피를 만든다.

2 오이, 호박은 3×0.1×0.1cm로 채썬 다음 소금에 살짝 절여 물기를 꼭 짠다.

3 건표고버섯은 따뜻한 물에 담가 기둥을 떼고 3×0.1×0.1cm로 채썬다.

4 고기는 다져서 갖은 양념한다.

5 (2)~(4)를 각기 볶아 식혀 양념하여 소를 만든다.

6 (1)의 만두피에 (5)의 소와 잣을 놓고 네 귀를 한데 모아 마주 붙여서 네모나게 빚는다.

7 김이 오른 찜통에 젖은 면포를 깔고 만두를 넣어 센불에서 3~5분간 찐다.

8 참기름, 소금물(물 ¼컵, 소금 ⅛작은술, 참기름 1작은술)을 (7)에 뿌린 다음 접시에 담아낸 후 초간장을 곁들인다.

구절판
Platter of Nine Delicacies

재료 및 분량

쇠고기	50g	깨소금	1/8작은술
오이	1/2개	참기름	1/8작은술
당근	50g	후춧가루	1/8작은술
죽순	50g	**밀전병**	
표고버섯	1개	밀가루	5큰술
달걀	1개	물	6큰술
석이버섯	1장	소금	1/4작은술
쇠고기 양념		**초간장**	
간장	1작은술	간장	2큰술
설탕	1/2작은술	식초	1큰술
다진 파	1/4작은술	설탕	1작은술
다진 마늘	1/4작은술	물	2큰술

조리 방법

1 밀가루 5큰술, 소금을 넣고 멍울이 없게 풀어서 체에 한 번 걸러 둔다.

2 오이는 5×0.2×0.2cm로 채썰어 소금에 절인 다음 물기를 짜서 기름에 살짝 볶는다.

3 당근, 죽순, 표고도 오이와 같은 크기로 채썰어 기름에 볶아 소금으로 양념한다.

4 쇠고기도 같은 크기로 채썰어 양념하여 볶는다.

5 석이는 손질한 후 물기를 제거하여 돌돌 말아 채썬 후 참기름에 볶아 소금으로 간한다.

6 달걀은 황, 백으로 나누어 지단을 부쳐 0.2×0.2×5cm로 채썬다.

7 팬에 기름을 조금 두르고 밀전병 반죽을 떠 놓아 직경 6cm로 둥글게 부친다.

8 접시 중앙에 밀전병을 놓고 8가지 재료를 색 맞추어 돌려 담는다.

9 초간장은 따로 담아 곁들여 낸다.

보쌈김치
Wrapped Kimchi

재료 및 분량

재료	분량
배추	2포기
소금	2컵
물	20컵
무	1개
미나리	60g
실파	80g
배	1개
밤	200g
대추	20개
석이버섯	2장
불린 표고버섯	4개(소)
낙지	100g
굴	200g
양념	
다진 마늘	3큰술
다진 생강	1작은술
고춧가루	40g
다진 새우젓	30g
설탕	1/8작은술
잣	20g

조리 방법

1 배춧잎은 손바닥 크기로 썰어 소금물에 절이고, 줄기와 무는 3×2×0.2cm 크기로 사각썰어 소금에 30여 분 절인다.

2 미나리와 실파는 손질하여 3cm 길이로 썬다.

3 배와 밤은 3×2×0.2cm 크기로 썰고, 대추는 채썬다.

4 석이버섯과 표고버섯도 채썬다.

5 낙지는 소금으로 주물러 씻어 굵은 소금물에 흔들어 씻고 3cm 길이로 자른다.

6 절인 무와 배추 줄기의 물기를 짜서 고춧가루 등의 양념으로 버무린 후 배, 미나리, 실파, 낙지, 마늘, 생강, 새우젓을 넣는다.

7 배춧잎을 작은 그릇에 깔고 버무릴 양념을 올리고 밤, 대추, 표고버섯, 석이버섯, 잣을 넣은 뒤 잘 싸서 담는다.

오이소박이
Stuffed Cucumber Kimchi

재료 및 분량

재료	분량
오이	5개
물	1컵
소금	2큰술
부추	50g
쪽파	20g
소 양념	
마늘	10g
생강	1/3작은술
새우젓	2큰술
고춧가루	2큰술
설탕	1/2작은술
국물	
물	3큰술
소금	1/8작은술

조리 방법

1 오이는 통째로 소금으로 문질러 씻고 5cm로 잘라 한쪽 끝이 1cm 정도 남게 하여 열십자로 칼집을 넣는다.

2 적량의 물에 소금을 풀어 1~2시간 절인다.

3 파, 부추를 0.5cm 길이로 잘게 썰고, 마늘 · 생강 · 새우젓을 다져서 고춧가루와 설탕을 넣고 풋내가 나지 않도록 버무려 소를 만든다.

4 소금에 절인 오이의 물기를 꼭 짜고, 소 만든 것을 오이 칼집 낸 사이에 넣는다.

5 소를 버무린 양념그릇에 물을 부어 양념을 씻은 후 간을 맞추어 붓고 하룻밤 실온에서 익힌다.

신선로 Royal Hot Pot

재료 및 분량

재료	분량
무	50g
쇠고기	200g
두부	50g
천엽	100g
간	100g
동태살	100g
미나리	50g
달걀	5개
석이버섯	10g
표고버섯	20g
당근	60g
죽순	50g
피망	100g
은행	1/2컵
잣	1/4컵
호두	6개
밀가루	1/2컵
참기름	1/8작은술

육수

재료	분량
양지머리	100g
물	6컵
간장	1작은술
소금	1작은술
대파	1대
통마늘	3쪽

쇠고기 양념

재료	분량
소금	1/3작은술
다진 파	1큰술
다진 마늘	1작은술
설탕	1/4작은술
후춧가루	1/8작은술
참기름	1작은술
깨소금	2작은술

조리 방법

1 양지머리는 물을 넣고 끓이다가 무를 쪼개어 넣고 삶은 후 고기와 무는 꺼내어 골패형으로 썰고, 국물은 충분히 끓인 다음 간을 하여 놓는다.

2 당근, 죽순, 피망은 5×3×0.3cm로 썰어 소금물에 살짝 데쳐 놓는다.

3 표고버섯은 따뜻한 물에 불려 당근과 같은 크기로 썰어 놓는다.

4 쇠고기는 살코기로 준비하여 곱게 다지고 물기를 제거한 두부와 섞어 양념하고 치대어 반은 은행알 크기의 작은 완자를 빚어 놓고, 나머지는 육전을 준비한다.

5 천엽, 간, 동태는 깨끗하게 손질하여 전거리를 준비하여 놓는다.

6 미나리는 손질하여 꼬치를 꿰어 밀가루, 달걀옷을 입힌다.

7 (4), (5), (6)을 각기 전을 부쳐서 5×3×0.3cm의 골패형으로 썰고, 완자는 지져 놓는다.

8 달걀은 황백으로 나누어 노란 지단을 부쳐 5×3×0.3cm의 골패형으로 썬다.

9 석이버섯은 뜨거운 물에 불려 뒷면의 이끼를 제거하고 깨끗이 씻어 돌을 뗀 다음 채썰어 (5)의 달걀 흰자와 섞어 지단을 부쳐서 골패형으로 썬다.

10 은행은 파랗게 볶아 속껍질을 벗기고, 호두는 뜨거운 물에 담가 껍질을 벗긴다.

11 썰어 놓은 고기와 무는 양념하여 신선로 바닥에 깔아 높이를 맞추고 (2), (3), (7), (8), (9)의 각 재료를 색색이 돌려 담는다.

12 완성품 위에 호두, 은행, 잣, 완자로 장식한다.

13 (1)의 육수를 붓고 뚜껑을 덮은 다음 화통 속에 숯불을 넣어 상에 올린다.

깨즙채 Green Vegetables with Sesame Sauce

재료 및 분량

재료	분량	재료	분량
양상추	1포기	생강	1/2톨
셀러리	1줄기	파	10g
오이	1/2개	**깨즙 소스**	
닭고기(안심)	100g	볶은깨	1컵
밤	2개	물	1/2컵
귤	1/2개	닭국물	1/2컵
달걀	2개	식초	2큰술
닭 양념		설탕	2큰술
물	1컵	소금	1큰술
통마늘	1쪽		

조리 방법

1. 양상추는 떡잎을 떼어 내고 씻어 손으로 뜯어 물에 담가 놓는다.
2. 셀러리는 껍질을 벗겨 놓고, 오이도 반으로 길게 갈라서 각기 어슷썬다.
3. 닭은 향미 채소를 넣고 삶아 살은 길게 뜯고, 국물은 체에 받쳐 놓는다.
4. 밤은 0.3cm로 편썰고, 귤은 껍질을 벗겨 밤과 같은 두께로 편썰기한다.
5. 달걀은 황백으로 나누어 도톰하게 지단을 부쳐서 4×1cm의 골패형으로 썬다.
6. 믹서에 깨를 넣고 물과 함께 곱게 갈아 체에 밭친 후 닭국물을 섞어 간을 맞춘다.
7. (1)을 그릇에 담아 (2)~(5)의 고명을 보기 좋게 얹어 (6)의 깨즙 소스를 뿌린다.

CHAPTER 8

한식조리산업기사·기능장 대비 고급한국음식 상차림

8 한식조리산업기사·기능장 대비 고급한국음식 상차림

한식조리산업기사 및 기능장 대비 고급한국음식 상차림은 시험 준비에 필요한 안내와 기출문제들을 기초로 고급한식메뉴의 응용방법을 활용하도록 하기 위한 상차림이다.

1. 한식조리산업기사 시험 안내

1) 한식조리산업기사 개요

외식산업이 점점 대형화 · 전문화하면서 전반에 대한 기술 · 인력 · 경영관리를 담당할 전문인력의 필요성이 커지고 있다. 이에 따라 정부는 기존의 기능만을 평가하는 조리기능사 자격으로는 외식산업 발전에 한계가 있다고 보고 조리산업 중간관리자의 기술과 관리능력을 평가하는 조리산업기사 자격을 제정하였다. 조리산업기사는 외식업체 등 조리산업 관련기관에서 조리업무가 효율적으로 이루어질 수 있도록 관리하는 역할을 담당한다.

2) 수행직무

응시하고자 하는 종목에 관한 기술기초이론지식 또는 숙련기능을 바탕으로 조리에 관한 복합적인 기능 업무를 수행한다.

3) 진로 및 전망

식품접객업 및 집단급식소 등에서 조리사로 근무하거나 운영이 가능하며, 조리에 대한 전문가로 인정받게 되면 높은 수익과 직업적 안전성을 보장받게 된다.

4) 자격시험 안내

시행처

한국산업인력공단

응시자격

① 기능사 자격 취득 후 응시하고자 하는 동일 분야에 1년 이상 실무에 종사한 자

② 조리관련 분야의 다른 종목의 산업기사 등급 이상의 자격을 취득한 자

③ 조리관련 학과의 전문대 이상 졸업자 또는 그 졸업예정자

④ 조리산업기사 수준의 기술훈련과정 이수자 또는 그 이수예정자

⑤ 고용노동부령이 정하는 기능경기대회 입상자

⑥ 조리산업기사 분야에 2년 이상 실무에 종사한 자

⑦ 외국에서 동일한 등급 및 종목에 해당하는 자력을 취득한 자

취득 방법

시험일자

구분	필기원서 접수	필기시험	필기합격(예정자) 발표	실기원서 접수	실기시험	최종합격 발표일
1회 산업기사	2월중순 ~2월말	3월말	4월초	4월초	4월말 ~5월초	6월초
3회 산업기사	7월말 ~8월초	8월중순	9월초	9월초	10월중순 ~10월말	11월말

시험과목

필기	실기
식품위생관련법규, 식품학, 조리이론 및 원가계산, 공중보건학	한식조리작업

검정방법 및 합격기준

구분	조리산업기사
검정방법	• 필기 : 객관식 4지 택일형 과목당 20문항(과목당 30분) • 실기 : 작업형(2시간 정도)
합격기준	• 필기 : 100점 만점으로 과목당 40점 이상, 전과목 평균 40점 이상 • 실기 : 100점을 만점으로 하여 60점 이상

5) 실기시험 진행 방법

① 수험자는 자신의 수검번호와 시험날짜 및 시간, 장소를 정확히 확인하여 지정된 시험시간 30분 전에 시험장에 도착하여 수험자 대기실에서 대기한다.

② 출석을 확인한 후 비번호(등번호)를 배정받고 대기실에서 실기시험장 내로 이동한다.

③ 각자의 등번호와 같은 조리대를 찾아 개인 준비물을 꺼내 놓고 정돈하며 본부요원의 지시에 따라 시험 볼 주재료와 양념류를 확인하고 조리기구를 점검한다.

④ 지급재료 목록표와 본인이 지급받은 재료를 비교하여 차이가 없는지 확인하여 차이가 있으면 시험위원에게 알려 시험이 시작되기 전에 조치를 받도록 한다.

⑤ 시험시작을 알리면 음식 만들기에 들어간다.

⑥ 수험자 요구사항을 충분히 숙지하여 정해진 시간 내에 지정된 조리작품 두 가지를 만들어 등번호표와 함께 제출하고 이어서 청소 및 정돈을 한다.

⑦ 익혀야 할 음식을 익히지 않았거나 태웠을 경우, 요구사항에 나와 있는 작품의 개수보다 부족할 경우, 연장시간을 사용할 경우 채점대상에서 제외된다.

6) 시험장에서의 주의사항

① 검정시험은 지정된 것을 사용하여야 하며 재료를 시험장 내에 지참할 수 없다.

② 시험장 내에서는 정숙하여야 한다.

③ 지정된 장소를 이탈할 경우 감독위원의 사전 승인을 받아야 한다.

④ 조리기구 중 가스 및 칼 등을 사용할 때에는 안전에 유념하여야 한다.

⑤ 지급재료는 1회에 한하여 지급되며 재지급은 하지 않는다. 검정시행 전 수험자가 사전에 지급된 재료를 검수하여 불량재료 또는 지급량이 부족하다고 판단될 경우에는 즉시 시험위원에게 통보하여 교환 또는 추가 지급받도록 한다.

⑥ 지급된 재료는 1인분의 양이므로 주재료 전부를 사용하여 조리하여야 한다.

⑦ 감독위원이 요구하는 작품이 두 가지인 경우도 두 가지 요리를 모두 선택 분야별로 지정되어 있는 표준시간 내에 완성하여야 한다.

⑧ 요구작품이 두 가지인데 한 가지 작품만 만들었을 경우에는 미완성으로 채점 대상에서 제외된다.

⑨ 불을 사용하여 만든 조리작품이 불에 익지 않은 경우에는 미완성으로 채점 대상에서 제외된다.

⑩ 검정이 완료되면 작품을 감독위원이 지시하는 장소에 신속히 제출하여야 한다.

⑪ 작품을 제출한 다음 본인이 조리한 장소와 주변 등을 깨끗이 청소하고 조리기구 등은 정리정돈 후 감독위원의 지시에 따라 시험실에서 퇴장한다.

7) 실기시험 시 수험자 지참도구

지참공구명	규격	수량	지참공구명	규격	수량
가위	조리용	1개	석쇠	조리용	1개
계량스푼	1/2작은술	1개	소창 또는 면포	30×30cm 정도	1장
	1/4작은술	1개	숟가락	스테인리스	1개
	큰술	1개	앞치마	백색(남·녀 공용)	1개
	작은술	1개	위생모 또는 머리수건	백색	1개
계량컵	200mL	1개			
공기	소	1개	위생복	백색	1개
국대접	소	1개	위생타올	면	2매
김발	20cm 정도	1개	젓가락	소독저	1개
밀대	소	1개	칼	보통 조리용 칼	1개
랩, 포일	조리용	1개	프라이팬	소형	1개

8) 실기시험 시 채점기준표

공통채점

과목	세부항목	항목별 채점방법
위생 상태	위생복 착용 및 개인 위생상태	위생복을 착용하고 개인 위생상태가 좋은 경우, 불량한 경우
조리과정	조리순서 및 재료, 기구 등 취급상태	일반적인 전체 조리순서가 맞고 재료 및 기구 취급 상태가 숙련되었을 경우, 조리순서는 맞으나 재료 및 기구 취급상태의 숙련이 약간 미숙할 경우, 조리과정이 전반적으로 미숙할 경우
정리정돈 상태	정리정돈 및 청소	지급된 기구류 등과 주위 청소상태가 양호할 경우, 불량할 경우

조리기술 및 작품평가

과목	세부항목	항목별 채점방법
조리기술	조리방법	조리기술의 숙련도에 따라 채점
작품평가	작품의 맛, 색 그릇에 담기	작품의 맛과 빛깔, 모양에 따라 채점

9) 실기시험 합격자 등록안내

합격자 발표

공고일로부터 60일 이내

등록에 필요한 준비물

수검표, 증명사진 1매, 수수료, 주민등록증

재교부

자격수첩 분실자 및 훼손자에 대하여 자격수첩을 재교부하는 것을 말하며 재교부 신청시는 당초 발급받은 사무소에 신청하면 당일 교부되며, 타 지방사무소에 신청하면 등록사항 조회기간만큼 지연됩니다.

문의

한국산업인력공단 : www. hrdkorea.or.kr / www. q-net.or.kr

① 고객센터 : 1644-8000, 실기시험수검사항 공고, 기타 검정일정, 직업교육훈련, 인력관리안내 등

② 합격자 자동응답 안내 : 060-700-2009

2. 한식조리산업기사 출제기준

실기

직무분야	음식서비스	중직무분야	조리	자격종목	한식조리기능사	적용기간	2012. 1. 1 ~ 2015. 12. 31

직무내용 : 한식조리부분에 배속되어 제공될 음식에 대한 계획을 세우고 조리할 재료를 선정, 구입, 검수, 보관 및 조리시설 및 기구를 위생적으로 관리, 유지하는 직무

수행준거 :
1. 한식의 고유한 형태와 맛을 표현할 수 있다.
2. 식재료의 특성을 이해하고 용도에 맞게 손질할 수 있다.
3. 한식 조리에 필요한 식재료의 분량과 양념의 비율을 맞출 수 있다.
4. 조리과정의 순서를 알고 적절한 도구를 사용할 수 있다.
5. 기초조리기술을 능숙하게 할 수 있다.
6. 완성한 음식을 적절한 그릇을 선택하여 담는 원칙에 따라 모양 있게 담을 수 있다.
7. 조리과정이 위생적이고 정리정돈을 잘 할 수 있다.

실기검정방법	작업형	시험시간	70분 정도

실기과목명	주요항목	세부항목	세세항목
한식조리 작업	1. 기초조리 작업	1. 식재료별 기초손질 및 모양썰기	1. 식재료를 각 음식의 형태와 특징에 알맞도록 손질할 수 있다.
	2. 음식별 조리작업	1. 밥류 조리하기	1. 주어진 재료를 사용하여 요구사항대로 밥류를 조리할 수 있다.
		2. 죽류 조리하기	1. 주어진 재료를 사용하여 요구사항대로 죽류를 조리할 수 있다.
		3. 국수와 만두류 조리하기	1. 주어진 재료를 사용하여 요구사항대로 국수와 만두류를 조리할 수 있다.
		4. 국과 탕류 조리하기	1. 주어진 재료를 사용하여 요구사항대로 국과 탕류를 조리할 수 있다.
		5. 전골과 찌개류 조리하기	1. 주어진 재료를 사용하여 요구사항대로 전골과 찌개류를 조리할 수 있다.

(계속)

실기과목명	주요항목	세부항목	세세항목
한식조리 작업	2. 음식별 조리작업	6. 찜과 선류 조리하기	1. 주어진 재료를 사용하여 요구사항대로 찜과 선류를 조리할 수 있다.
		7. 생채류 조리하기	1. 주어진 재료를 사용하여 요구사항대로 생채류를 조리할 수 있다.
		8. 숙채류 조리하기	1. 주어진 재료를 사용하여 요구사항대로 숙채류를 조리할 수 있다.
		9. 구이와 적류 조리하기	1. 주어진 재료를 사용하여 요구사항대로 구이와 적류를 조리할 수 있다.
		10. 전류 조리하기	1. 주어진 재료를 사용하여 요구사항대로 전류를 조리할 수 있다.
		11. 조림과 초류 조리하기	1. 주어진 재료를 사용하여 요구사항대로 조림과 초류를 조리할 수 있다.
		12. 볶음류 조리하기	1. 주어진 재료를 사용하여 요구사항대로 볶음류를 조리할 수 있다.
		13. 회류 조리하기	1. 주어진 재료를 사용하여 요구사항대로 희류를 조리할 수 있다.
		14. 마른찬류 조리하기	1. 주어진 재료를 사용하여 요구사항대로 마른찬류를 조리할 수 있다.
		15. 장아찌류 조리하기	1. 주어진 재료를 사용하여 요구사항대로 장아찌류를 조리할 수 있다.
		16. 김치류 조리하기	1. 주어진 재료를 사용하여 요구사항대로 김치류를 조리할 수 있다.
		17. 떡·다과류 조리하기	1. 주어진 재료를 사용하여 요구사항대로 떡·다과류를 조리할 수 있다.
	3. 담기	1. 그릇에 담기	1. 적절한 그릇에는 담는 원칙에 따라 음식을 모양 있게 담아 음식의 특성을 살려 낼 수 있다.
	4. 조리작업 관리	1. 조리작업 위생관리하기	1. 조리복·위생모 착용, 개인위생 및 청결 상태를 유지할 수 있다. 2. 식재료를 청결하게 취급하며 전 과정을 위생적으로 정리정돈하고 조리할 수 있다.

필기

직무분야	음식서비스	중직무분야	조리	자격종목	한식조리기능사	적용기간	2012. 1. 1 ~ 2015. 12. 31
직무내용 : 한식조리 부분에 배속되어 제공될 음식에 대한 계획을 세우고 조리할 재료를 선정, 구입, 검수, 보관 및 저장하여 적절한 조리기구를 선택하여 영양적이고 위생적인 음식을 제공하는 직무 조리시설 및 기구를 위생적으로 관리, 유지하는 직무							
필기검정방법	작업형	문제수	60	시험시간	1시간		

실기과목명	문제수	주요항목	세부항목	세세항목
식품위생 및 법규, 식품학, 조리이론과 원가계산, 공중보건	60	1. 식품위생 개론	1. 식품위생의 의의	1. 식품위생의 의의
			2. 식품과 미생물	1. 미생물의 종류와 특성 2. 미생물에 의한 식품의 변질 3. 미생물 관리 4. 미생물에 의한 감염과 면역
		2. 식중독	1. 세균성 식중독	1. 세균성 식중독의 특징 및 예방대책
			2. 자연독 식중독	1. 자연독 식중독의 특징 및 예방대책
			3. 화학성 식중독	1. 화학성 식중독의 특징 및 예방대책
			4. 곰팡이 독소	1. 곰팡이 독소의 특징 및 예방대책
		3. 식품과 감염병	1. 경구감염병	1. 경구감염병의 특징 및 예방대책
			2. 인수공통감염병	1. 인수공통감염병 특징 및 예방대책
			3. 식품과 기생충병	1. 식품과 기생충병 특징 및 예방대책
			4. 식품과 위생동물	1. 식품과 위생동물 특징 및 예방대책
		4. 살균 및 소독	1. 살균 및 소독	1. 살균 및 소독

(계속)

실기과목명	문제수	주요항목	세부항목	세세항목
식품위생 및 법규, 식품학, 조리이론과 원가계산, 공중보건	60	5. 식품첨가물	1. 식품첨가물	1. 식품첨가물 일반정보 2. 식품첨가물 규격기준
		6. 유해물질	1. 유해물질	1. 중금속 2. 조리 및 가공에서 기인하는 유해물질
		7. 식품위생 관련법규	1. 식품위생관련법규	1. 총칙 2. 식품 및 식품첨가물 3. 기구와 용기·포장 4. 표시 5. 식품등의 공전 6. 검사 등 7. 영업 8. 조리사 및 영양사 9. 시정명령·하가취소 등 행정제재 10. 보칙 11. 벌칙
		8. 식품위생 관리	1. HACCP, PL 등	1. HACCP, PL 등의 개념 및 관리
			2. 개인위생관리	1. 개인위생관리
			3. 조리장의 위생관리	1. 조리장의 위생관리
		9. 공중보건	1. 공중보건학의 개념	1. 공중보건학의 개념
			2. 환생위생 및 환경오염	1. 일광 2. 공기 및 대기오염 3. 상하수도, 오물처리 및 수질오염 4. 소음 및 진동 5. 구충구서
			3. 산업보건	1. 산업보건의 개념과 직업병 관리
			4. 역학 및 감염병관리	1. 역학 일반 2. 급만성감염병관리
			5. 보건관리	1. 보건행정 2. 인구와 보건 3. 보건영양 4. 모자보건, 성인 및 노인보건 5. 학교보건
		10. 식품학	1. 식품학의 기초	1. 식품의 기초식품군 2. 식품의 일반성분

(계속)

<table>
<tr><th>실기과목명</th><th>문제 수</th><th>주요항목</th><th>세부항목</th><th>세세항목</th></tr>
<tr><td rowspan="14">식품위생 및 법규, 식품학, 조리이론과 원가계산, 공중보건</td><td rowspan="14">60</td><td rowspan="3">10. 식품학</td><td>2. 식품의 일반성분</td><td>1. 수분
2. 탄수화물
3. 지질
4. 단백질
5. 무기질
6. 비타민</td></tr>
<tr><td>3. 식품의 특수성분</td><td>1. 식품의 맛
2. 식품의 향미(색, 냄새)
3. 식품의 갈변
4. 기타 특수성분</td></tr>
<tr><td>4. 식품과 효소</td><td>1. 식품과 효소</td></tr>
<tr><td rowspan="3">11. 조리과학</td><td>1. 조리의 의의</td><td>1. 조리의 정의 및 목적</td></tr>
<tr><td>2. 조리의 기초지식</td><td>1. 조리의 준비조작
2. 기본조리법 및 다량 조리기술</td></tr>
<tr><td>3. 식품의 조리원리</td><td>1. 농산물의 조리 및 가공·저장
2. 축산물의 조리 및 가공·저장
3. 수산물의 조리 및 가공·저장
4. 유지 및 유지 가공품
5. 냉동식품의 조리
6. 조미료 및 향신료</td></tr>
<tr><td rowspan="5">12. 단체급식</td><td>1. 단체급식의 의의</td><td>1. 단체급식의 의의</td></tr>
<tr><td>2. 영양소 및 영양섭취기준, 식단작성</td><td>1. 영양소 및 영양섭취 기준, 식단작성</td></tr>
<tr><td>3. 식품구매 및 재고관리</td><td>1. 식품구매 및 재고관리</td></tr>
<tr><td>4. 식품의 검수 및 식품감별</td><td>1. 식품의 검수 및 식품 감별</td></tr>
<tr><td>5. 조리장의 시설 및 설비 관리</td><td>1. 조리장의 시설 및 설비 관리</td></tr>
<tr><td>13. 원가계산</td><td>1. 원가의 의의 및 종류</td><td>1. 원가의 의의 및 종류
2. 원가분석 및 계산</td></tr>
</table>

3. 한식조리산업기사 기출문제

1) 한식조리산업기사의 검정은 2000년부터의 기출문제를 수록하였다

조리산업기사는 메뉴개발을 할 수 있어야 하며 한식상차림의 구성 및 조리능력이 요구된다.

아래에 제시된 표는 기출된 문제에서 한식조리기능사에 출제된 55가지의 음식과 기능사 이외의 음식으로 구분하여 검정에 대비할 수 있도록 하였다.

한식조리산업기사 기출문제의 구분

		기능사 출제문제	기능사 출제문제 외 검정음식
2003	①	너비아니, 무생채, 나박김치	삼치조림, 밀쌈
	②	장국죽, 삼색보푸라기, 나박김치	다시마매듭자반, 명란젓국찌개
	③	호박전, 오이소박이	잔멸치볶음, 알찜, 규아상
	④	콩나물밥, 잡채, 너비아니	두부선, 장김치
	⑤	오이소박이	수란, 어만두, 두부선, 삼색경단
2004	①	어선, 화양적, 더덕생채	눈썹나물(호박), 죽순찜
	②	오징어볶음, 무생채, 미나리강회	연근조림, 옥수수전
	③	두부젓국찌개, 무생채, 오이선	꽃게찜, 사슬적
	④	칠절판, 미나리강회, 무숙장아찌	장산적, 율란 & 조란
2005	①	육회, 더덕구이, 오이생채	새우전, 소갈비찜
	②	더덕생채, 오이소박이	북어양념구이, 느타리버섯소고기장조림
	③	두부조림, 탕평채, 오이숙장아찌	깻잎전, 파강회
	④	두부젓국찌개, 생선전, 나박김치	죽순채, 소고기장조림
2006	①	만둣국, 깍두기, 오이선	어채, 장떡
	②	오징어볶음, 미나리강회, 무생채	옥수수전, 연근조림
	③	칼국수	수란, 대추초, 수정과, 배추겉절이
	④	어선, 화양적, 더덕생채	죽순찜, 애호박나물
	⑤	장국죽, 삼색북어보푸라기, 나박김치	다시마매듭자반, 명란젓국찌개
	⑥	콩나물밥, 너비아니, 잡채	장김치, 두부선

(계속)

		기능사 출제문제	기능사 출제문제 외 검정음식
2007	①	두부젓국찌개, 오이선, 무생채	꽃게찜, 사슬적
	②	미나리강회, 무숙장아찌, 칠절판	장산적, 율란 & 조란
	③	잡채, 장국죽, 제육구이	양동구리, 장김치
	④	오이생채	알찜, 구절판, 편수, 깻잎전
	⑤	오이소박이	어만두, 삼색경단, 수란, 두부선
	⑥	오이숙장아찌, 두부조림	섭산삼, 호박죽, 오이 & 미역냉채
2008	①	제육구이, 오이선	어알탕, 월과채, 홍합초
	②	육회, 화전, 삼색보푸라기	수정과, 해물된장찌개
	③	칠절판, 더덕생채, 풋고추전	뱅어포구이, 연근조림
	④	북어찜, 호박나물, 표고전, 두부조림	사슬적
	⑤	깍두기	된장찌개, 사슬적, 양파전, 도라지정과
2009	①	오징어볶음, 미나리강회, 무생채	옥수수전, 연근조림
	②	오이숙장아찌, 북어보푸라기, 완자탕	두부선, 호두조림
	③	두부젓국찌개, 오이선, 무생채	꽃게찜, 사슬적
2010	①	닭찜, 지짐누름적, 미나리강회	어알탕, 죽순채
	②	만둣국, 깍두기, 오이선	어채, 장떡
	③	화영적, 더덕생채	어선, 호박눈썹나물, 죽순찜
	④	무숙장아찌, 미나리강회	칠절판, 장산적, 율란 & 조란
	⑤	홍합초, 제육구이, 오이선	어알탕, 월과채
	⑥	풋고추전, 칠절판, 더덕생채	연근조림, 뱅어포구이
2011	①	북어보푸라기, 나박김치	장국죽, 매듭자반, 명란찌개
	②	콩나물밥, 잡채, 너비아니	두부선, 장김치
	③	오이소박이	수란, 어만두, 두부선, 삼색경단
	④	무생채, 오이선, 두부젓국찌개	꽃게찜, 사슬적
	⑤	장국죽, 제육구이, 잡채	장김치, 양동구리
	⑥	매작과, 무생채, 잡채	사슬적, 두부전골

2) 고급한국음식과 기초한국음식을 기본으로 한 기출문제의 모형

2000년 기출메뉴

북어구이

쇠고기장조림

느타리버섯나물

더덕생채

오이소박이

2010년 기출메뉴

칠전판

풋고추전

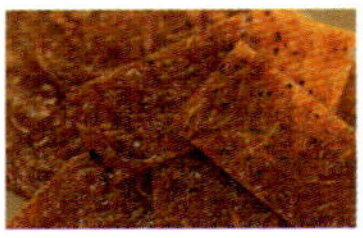
뱅어포구이

연근조림

더덕생채

2011년 1회 기출메뉴

장국죽

명란찌개

북어보푸라기

매듭자반(다시마)

나박김치

2011년 6회 기출메뉴

두부전골

잡채

사슬적

무생채

매작과

4.산업기사 대비 고급한국음식

한식조리산업기사 및 기능장을 위한 고급한국음식에 수록된 메뉴는 다음과 같다.

미역홍합국 Sea Mustard and Mussel Soup

재료 및 분량

재료	분량
마른 미역	20g
홍합	300g
소금	1작은술
물	6컵
미역 양념	
국간장	1작은술
다진 마늘	1작은술
참기름	1작은술

조리 방법

1 미역을 물에 담가 부드럽게 불려지면 주물러 씻어 물기를 짜고 먹기 좋은 크기로 썰어서 주물러 가며 양념한다.

2 홍합은 껍질째 준비해 솔로 문질러 씻어 말끔히 닦아낸 후 연한 소금물에 담가 해감을 토하게 한다.

3 냄비에 찬물을 붓고 (2)의 홍합을 넣어 끓기 시작하면서 홍합의 입이 벌어지면 건져내어 살만 떼어 놓고 국물은 겹체에 밭친다.

4 뜨겁게 달군 냄비에 양념한 미역을 넣고 볶다가 홍합국물을 부어 맛이 충분히 우러날 때까지 충분히 끓인다.

5 국물이 뽀얗게 우러나면 (3)의 홍합을 넣고 소금으로 간을 맞추어 잠시 더 끓인다.

어알탕

Fish Ball Soup

재료 및 분량

재료	분량
쇠고기(사태)	100g
물	10컵
마늘	20g
대파	2뿌리
소금	1작은술
후춧가루	1/8작은술
생선살	70g
두부	10g
달걀 흰자	1개
녹말가루	1큰술
생선살·두부 양념	
다진 파	1/4작은술
다진 마늘	1/4작은술
참기름	1/4작은술
깨소금	1/4작은술
소금	1/4작은술

조리 방법

1 사태는 찬물에 30여 분 담가 핏물을 빼고 향신채소를 넣고 끓여 다 끓으면 건더기를 전부 건져 체에 거른다.

2 생선살과 두부는 곱게 다져 잘 섞어서 물기를 제거한 후 양념한다.

3 달걀 흰자를 (2)에 넣어 완자를 1.5cm로 빚고, 속에 잣 한 알을 넣어 녹말가루에 굴린다.

4 빚은 완자는 김이 오른 찜통에서 10여 분 쪄내어 익히고, 달걀은 황 · 백으로 나누어 지단을 부쳐 마름모꼴로 썬다.

5 미나리는 꼬치에 꿰어 밀가루, 달걀옷을 입혀 초대를 만들고 마름모꼴로 썰어 놓는다.

6 육수에 완자를 넣고 끓이다가 완자가 가라앉았다가 위로 떠오를 때 국물을 뜨고 미나리 초대와 지단을 띄운다.

대합탕
Clam Soup

재료 및 분량

재료	분량
모시조개	100g
대합	3개(200g)
홍고추	1/4개
실파	4대
물	4컵
국물	
조개육수	3컵
다진 마늘	1작은술
생강	1/8작은술
소금	1작은술

조리 방법

1 조개와 대합을 소금물에 4시간쯤 담가서 해감을 시킨 후 껍질은 솔로 비벼 씻는다.

2 실파는 깨끗이 다듬어 3cm 길이로 자른다.

3 홍고추는 반으로 갈라 씨를 털어 씻은 후 3×0.1×0.1cm로 채썬다.

4 냄비에 물을 부어 모시조개를 넣고 끓여서 고운체에 밭쳐 맑은 국물을 만들어 놓는다.

5 (4)의 국물을 냄비에 가만히 따라 붓고 끓이다가 (1)의 대합을 넣고 끓인다.

6 (5)의 대합의 입이 벌어질 때 간을 맞추고 (2), (3)을 넣고 한소끔 끓여낸다.

콩비지찌개
Pureed Soybean Stew

재료 및 분량

재료	분량
불린 흰콩	1컵
물	3컵
김치	100g
돼지고기(목살)	80g
대파	30g
고기양념	
다진 파	1작은술
다진 마늘	1/2작은술
참기름	1작은술
소금	1/2작은술
후춧가루	1/8작은술
양념장	
간장	2큰술
다진 파	2큰술
다진 마늘	1작은술
고춧가루	1/2큰술
참기름	1작은술
깨소금	1작은술
후춧가루	1/8작은술

조리 방법

1. 콩은 4~5시간 정도 불려서 비벼 씻어 껍질을 벗기고 물을 부어 믹서에 곱게 간다.
2. 김치는 속을 털어 내고 송송 썰어 굵게 다진다.
3. 돼지고기는 잘게 썰어 갖은 양념한다.
4. 대파도 송송 썰어 놓는다.
5. 김치와 돼지고기는 섞어서 볶다가 갈아 놓은 비지를 붓고 중불에서 젓지 말고 뭉근히 끓인다.
6. 끓어오를 때 (4)의 대파 썬 것을 넣고 다시 끓인다.
7. 양념장을 곁들여 낸다.

게감정
Spicy Crab Stew

재료 및 분량

재료	분량
꽃게	4마리
쇠고기(우둔)	50g
숙주	70g
두부	50g
밀가루	2작은술
물	5컵
달걀	1개
대파	1대
무	100g
고추장	2작은술
된장	1작은술
양념	
소금	1/2작은술
다진 파	1큰술
다진 마늘	1/2큰술
참기름	1작은술
깨소금	1작은술
후춧가루	1/8작은술

조리 방법

1 게를 다듬어 씻어 몸체는 살을 발라 내고 게딱지는 깨끗이 씻고 다리는 끝마디만 남기고 자른다.

2 (1)의 잘라낸 게 다리는 물을 부어 육수를 끓인 후 국물만 체에 밭친다.

3 쇠고기는 곱게 다지고, 숙주는 끓는 물에 데쳐 송송 썰고, 두부는 물기를 짜서 으깨 게살과 모두 섞어 양념한다.

4 무를 2×2×0.4cm로 나박썰기하고, 파는 송송 썬다.

5 (1)의 게딱지는 물에 씻어 안쪽에 밀가루를 솔솔 뿌린 후 (3)의 소를 가득히 담고 밀가루, 달걀을 씌워 전처럼 지져 낸다.

6 (2)의 육수에 된장과 고추장을 풀고 (4)의 무와 함께 끓이다가 무가 어느 정도 익으면 (5)의 게 지진 것을 넣고 익힌다.

7 (6)이 모두 익으면 (4)의 파를 넣고 한소끔 끓인다.

더덕구이 Grilled Duduck

재료 및 분량

더덕(중)	5개
유장	
간장	1/2작은술
참기름	2작은술
양념장	
고추장	2큰술
설탕	1큰술
간장	1/4작은술
다진 파	2작은술
다진 마늘	1/2작은술
깨소금	1작은술
참기름	1/2작은술

조리 방법

1 더덕은 물에 씻어 껍질을 돌려가며 벗기고 반으로 쪼개 소금물에 담근다.

2 손질된 더덕은 물기를 닦고 방망이로 자근자근 두드린 다음 유장을 만들어 바른다.

3 파, 마늘을 곱게 다지고 고추장에 나머지 양념을 넣고 양념장을 만든다.

4 석쇠는 달구어 기름을 바르고 유장 바른 더덕을 굽는다.

5 애벌구이 한 더덕에 양념을 고루 발라 타지 않도록 굽는다.

메로구이 Grilled Mero

재료 및 분량

메로	400g	메로 양념	
무순	1/2팩	청주	1작은술
조림간장	3큰술	마늘	1작은술
간장	3큰술	소금	1작은술
물	3큰술	후춧가루	1/8작은술
설탕	2큰술	겨자장	
대파	1/2뿌리	식초	1큰술
마늘	2쪽	간장	1/4작은술
식용유	1작은술	설탕	1작은술
		소금	1/2작은술
		발효겨자	1작은술
		물	1큰술

조리 방법

1 메로는 냉동상태를 녹여서 물기를 제거하여 놓는다.

2 (1)에 청주, 마늘즙, 소금을 섞어 후춧가루를 뿌려 재어 놓는다.

3 간장 등의 양념을 넣고 끓여 체에 밭쳐 조림간장을 만든다.

4 (2)의 메로에 조림간장을 발라 가면서 앞뒤로 노릇하게 굽는다.

5 간장에 여러 가지 양념을 섞어 겨자장을 만든다.

6 메로를 접시에 담고 옆옆이 무순을 놓은 후 (5)의 겨자장을 곁들인다.

제육구이
Grilled Pork

재료 및 분량

재료	분량
제육	200g
식용유	1큰술
양념	
고추장	2큰술
간장	1/4작은술
설탕	1큰술
다진 파	2작은술
다진 마늘	1작은술
생강즙	1/4작은술
깨소금	2작은술
참기름	1작은술
후춧가루	1/8작은술

조리 방법

1 제육은 5×6×0.4cm로 썰어 칼집을 넣어 오그라들지 않게 한다.

2 파, 마늘, 생강을 곱게 다져 고추장 양념을 만든다.

3 제육에 양념을 발라서 간이 배도록 한다.

4 석쇠에 기름을 발라 돼지고기를 타지 않게 충분히 굽는다.

가지선

Steamed Stuffed Aubergine

재료 및 분량

가지	1개
소금	1/2작은술
닭고기(안심)	100g
홍고추	1개
닭살 양념	
간장	1/2작은술
다진 파	1작은술
다진 마늘	1/2작은술
참기름	1/2작은술
깨소금	1/2작은술
후춧가루	1/8작은술
찜국물	
물	1/2컵
간장	2큰술
설탕	1작은술
다진 마늘	1작은술

조리 방법

1 가지는 5cm 길이로 자른 다음 가지의 등쪽에 어슷하게 칼집을 넣어 소금을 뿌려 놓는다.

2 닭고기는 곱게 다져 갖은 양념한다.

3 홍고추는 모양대로 썰어 준비한다.

4 준비된 가지의 칼집 사이를 벌려 (2)의 고기소를 조금씩 넣어 채운 다음, 넓은 냄비에 서로 겹치지 않게 켜켜이 안친다.

5 (4)에 찜국물을 부어 끓어오르면 불을 줄이고 국물이 반 정도로 줄 때까지 서서히 찐다.

6 가지가 거의 익을 때쯤 (3)의 홍고추를 고명으로 올린다.

부추전
Pan Fried Chinese Chive

재료 및 분량

오징어	1/2마리
조갯살	100g
홍합살	100g
부추	200g
홍고추	1/2개
밀가루	1/2컵
식용유	3큰술
밀가루즙	
밀가루	1컵
물	1컵
달걀	1개
소금	1/4작은술

조리 방법

1 오징어는 손질해 채썰고, 조갯살과 홍합살은 깨끗이 씻어 준비한다.

2 부추는 굵은 것으로 준비해 가지런히 잘 다듬어 씻어 4cm로 썰고 물기를 뺀다.

3 홍고추는 손질하여 채썰고 (1)의 해물들과 섞어 양념한다.

4 밀가루에 물, 달걀을 섞어 풀고 간을 하여 밀가루 반죽을 만든다.

5 부추에 날 밀가루를 묻혀 가볍게 털어낸 후 (3)을 섞고 (4)의 반죽으로 버무린다.

6 달궈진 팬에 기름을 두르고 (5)의 반죽을 한 숟가락씩 떠서 부친 다음 접시에 담는다.

7 노릇하게 익으면 (3)의 해물을 얹고 올려 다시 잘 익혀 뒤집는다.

지짐누름적

Pan Fried Skewered Vegetables

재료 및 분량

재료	분량
쇠고기(우둔)	30g
표고(큰 것)	1장
당근	40g
통도라지	30g
실파	10g
밀가루	5큰술
달걀	1개
식용유	1큰술
표고·쇠고기 양념	
간장	1작은술
설탕	1/2작은술
참기름	1/8작은술
후춧가루	약간
산적꼬치	2개

조리 방법

1 통도라지, 당근은 길이 6cm, 폭 1cm, 두께 0.5cm로 잘라 끓는 물에 소금을 넣고 데친다.

2 실파는 6cm로 잘라 참기름에 무쳐 놓는다.

3 쇠고기는 길이 7cm, 폭 1cm, 두께 0.5cm로 잘라 잔칼집을 넣은 후 양념으로 버무리고, 표고도 같은 크기로 썰어 양념한다.

4 팬에 식용유를 두르고 도라지, 당근, 표고, 쇠고기를 각각 볶는다.

5 꼬치에 색 맞추어 끼운 다음 재료의 사이사이에 밀가루를 묻히고 달걀물을 씌어 팬에서 굽는다.

6 식으면 꼬치를 빼서 담는다.

새우살애호박전 Pan Fried Stuffed Young Pumpkin

재료 및 분량

재료	분량	새우 양념	분량
애호박	1개	소금	1/4작은술
소금	1작은술	다진 파	1/2작은술
홍고추	1/2개	다진 마늘	1/4작은술
새우살	100g	참기름	1/4작은술
밀가루	1/2컵	깨소금	1/2작은술
달걀	2개	후춧가루	1/8작은술
식용유	2큰술	초간장	2큰술

조리 방법

1 애호박은 가늘고 곧은 것을 선택하여 0.5cm 두께로 썰어 가운데를 꽃 모양으로 찍어 내고 소금을 살짝 뿌린 후 절여지면 물기를 제거한다.

2 홍고추는 완자형으로 썬다.

3 새우살은 소금물에 씻어 곱게 다져 양념한 다음 (1)의 가운데를 채우고 밀가루를 가볍게 뿌린다.

4 달걀은 소금을 넣고 풀어 놓는다.

5 밀가루를 묻힌 호박에 달걀을 씌워 지져 낸다.

6 초간장을 곁들인다.

느타리버섯나물 Seasoned Oyster Mushroom

재료 및 분량

느타리버섯	300g
쇠고기(우둔)	50g
피망	50g
쇠고기 양념	
간장	1작은술
설탕	1/4작은술
다진 파	1작은술
다진 마늘	1/4작은술
참기름	1/4작은술
깨소금	1/2작은술
후춧가루	약간
전체 양념	
소금	1작은술
파	1작은술
마늘	1/2작은술
참기름	1작은술
깨소금	1작은술

조리 방법

1 느타리버섯은 밑동을 자르고 길이로 2~3등분 하여 소금물에 데쳐서 물기를 짠다.

2 쇠고기는 5×0.2×0.2cm씩 결대로 채썰어 갖은 양념한다.

3 피망은 꼭지를 떼고 반으로 갈라 씨를 뗀 후 5×0.2×0.2cm로 채썬다.

4 (1), (2), (3)을 각기 볶아 식힌다.

5 모두 섞어 갖은 양념하고 간을 맞춘다.

숙주채 Seasoned Mungbean Sprouts

재료 및 분량

숙주	200g
미나리	100g
편육(쇠고기)	30g
배	1/4개
양념	
소금	2작은술
다진 파	2작은술
다진 마늘	2작은술
설탕	1작은술
참기름	1/2큰술
깨소금	1/2큰술
식초	1작은술

조리 방법

1 숙주는 머리와 꼬리를 떼고 씻어서 끓는 물에 데쳐 건지고 식힌다.

2 미나리는 다듬어서 끓는 물에 데쳐 물기를 짠 다음 길이 4cm 정도로 썬다.

3 쇠고기 편육은 4×0.5×0.3cm의 골패형으로 썰어 놓는다.

4 배도 편육과 같은 크기로 썬다.

5 준비된 (1)~(3)의 재료를 양념하여 무치고 마지막에 배를 얹어낸다.

도라지생채 Balloom Root with Hot Pepper Powder Sauce

재료 및 분량

통도라지	150g
소금	1작은술
양념	
고추장	1큰술
설탕	2작은술
식초	2작은술
다진 파	1작은술
다진 마늘	1작은술
깨소금	1/2작은술
소금	1/4작은술

조리 방법

1 도라지는 6×0.3×0.3cm로 굵게 채썰어 소금을 뿌려 절인다.

2 절인 도라지는 주물러 씻어서 쓴맛을 빼고 면포로 눌러 물기를 꼭 짠다.

3 고추장에 파, 마늘, 식초, 설탕, 깨소금을 넣고 양념장을 만든다.

4 물기 짠 도라지에 양념장을 섞어 색이 배도록 고루 무친 다음 그릇에 담는다.

육원전 Pan Fried Meat Ball

재료 및 분량

재료	분량	재료	분량
쇠고기	200g	다진 파	2큰술
두부	120g	다진 마늘	1작은술
달걀	3개	후춧가루	1/8작은술
밀가루	6큰술	참기름	1/8작은술
식용유	2큰술	**초간장**	
두부·쇠고기 양념		간장	2큰술
설탕	1/8작은술	설탕	1/2큰술
소금	1작은술	식초	1큰술

조리 방법

1 쇠고기는 곱게 다지고, 두부도 물기를 짜고 칼등으로 곱게 으깬다.

2 (1)의 재료에 소금을 비롯한 양념을 모두 섞고 끈기가 나도록 주물러 직경 3cm 정도로 둥글납작한 완자를 빚는다.

3 완자에 밀가루를 묻히고 달걀을 씌워 기름 두른 팬에 노릇노릇하게 지진다.

4 초간장을 곁들여 낸다.

채소전 Pan Fried Vegetables

재료 및 분량

재료	분량
부추	150g
풋고추	2개
표고버섯	3장
당근	1/2개
밀가루	1컵
물	1컵
달걀	1개
소금	1/2작은술
참기름	1/2작은술
식용유	2큰술
초간장	
간장	1큰술
설탕	1큰술
식초	1큰술

조리 방법

1 준비된 부추는 4cm 길이로 썬다.

2 풋고추는 반으로 잘라 씨를 털어낸 후 채썬다.

3 불린 표고버섯은 물기를 짜내고 채를 썰고, 당근도 손질하여 4cm 길이로 채 썬다.

4 밀가루에 물을 부어서 풀고 달걀과 소금을 넣어 잘 섞어 멍울이 없도록 반죽한다.

5 반죽에 준비한 부추, 풋고추, 불린 표고버섯, 당근채를 골고루 넣어 섞는다.

6 뜨겁게 달궈진 팬에 반죽을 한 숟가락씩 넣고 지져 뒷면이 다 지져지면 뒤집어서 앞면도 노릇하게 지진다.

7 다 지져지면 접시에 체에 담아 초간장을 곁들인다.

연근조림 Braised Lotus Roots in Soy Sauce

재료 및 분량

연근	300g
식초	1작은술
조림 양념	
간장	2½큰술
설탕	2큰술
물엿	1큰술
물	2큰술
통깨	소량
대파	1/2뿌리
마늘	2쪽

조리 방법

1 연근은 껍질을 벗긴 후 0.5cm 두께로 동글동글하게 썰고, 끓는 물에 식초를 약간 넣고 데친다.

2 (1)의 연근을 냄비에 조림 양념을 넣고 센불에서 중불로 줄인 후 은근하게 오래도록 조린다.

3 연근이 어느 정도 조려지면 물엿을 넣고 윤기 나게 조린 뒤 그릇에 담고 통깨를 뿌려 낸다.

삼합장과 Braised Three Kinds of Seafood in Soy Sauce

재료 및 분량

생홍합	100g	조림 양념장	
생전복	100g	간장	3큰술
불린 해삼	200g	물	3/4컵
쇠고기(우둔)	100g	설탕	2큰술
고기 양념		다진 파	2큰술
간장	1작은술	다진 마늘	1큰술
설탕	1/2작은술	생강	3g
후춧가루	1/8작은술	후춧가루	1/8작은술
다진 파	1작은술	참기름	1작은술
다진 마늘	1/2작은술	잣가루	1작은술

조리 방법

1 쇠고기는 연하고 기름기가 없는 우둔살로 납작납작하게 저며 썰어 고기양념으로 양념한다.

2 홍합은 크고 신선한 것을 골라 털과 얇은 막을 없애고 끓는 물에 삶는다.

3 전복은 껍질째 솔로 깨끗이 씻고 살의 검은 막은 소금으로 문질러 씻어 찜통에 살짝 쪄서 내장을 떼어 내고 얇게 저민다.

4 불린 해삼은 내장을 빼고 씻어 어슷하게 저며서 썬다.

5 냄비에 조림양념을 넣고 불에 올려 끓어오르면 먼저 양념한 쇠고기를 넣어 조린다.

6 쇠고기가 익으면 후춧가루를 뿌리고 준비한 해물을 넣어 고루 간이 배도록 가끔 뒤섞으면서 서서히 조린다.

7 국물이 거의 졸아들면 참기름을 넣어 고루 섞은 것을 그릇에 담고 잣가루를 뿌린다.

미나리나물 Seasoned Water Dropwort

재료 및 분량

재료	분량
미나리	150g
두부깨 소스	
깨소금	2큰술
두부	50g
간장	1큰술
맛술	2큰술

조리 방법

1 미나리는 끓는 물에 데쳐 찬물에 헹군 후 5~6cm 길이로 썬다.

2 믹서에 깨소금을 넣고 곱게 간 후 두부를 마저넣고 부드럽게 갈아 놓는다.

3 (2)에 간장을 넣어 맛을 낸 후 소스를 만든다.

4 (1)의 미나리에 (3)의 소스를 넣고 버무려 접시에 담는다.

취나물 Seasoned Young Leaves of Aster Scaber

재료 및 분량

재료	분량
취나물	200g
양념	
소금	1작은술
다진 파	1/2큰술
다진 마늘	1/2큰술
깨소금	1/8작은술
참기름	1/8작은술
홍고추	1/2개
통깨	소량

조리 방법

1 취나물은 다듬어 소금을 넣은 끓는 물에서 살짝 데쳐 둔다.

2 (1)의 취나물과 준비한 양념을 넣고 무친다.

3 달궈진 팬에 기름을 두르고 (2)의 나물을 볶는다.

4 부족한 간을 소금으로 한 후 참기름으로 향을 내고 그릇에 담아 통깨를 뿌린다.

호박나물 Sautéed Young Pumpkin

재료 및 분량

재료	분량
애호박	1개
파	1뿌리
마늘	3쪽
새우젓	1큰술
참기름	1큰술
깨소금	1작은술
실고추	소량

조리 방법

1 호박은 씨가 없는 애호박으로 준비해 반달 모양으로 도톰하게 썬다.

2 (1)의 호박은 소금에 살짝 절였다가 물기를 가볍게 짠다.

3 파와 마늘은 곱게 다진다.

4 팬에 호박을 넣어 볶으면서 다진 파, 다진 마늘을 넣어 섞는다.

5 호박이 어느 정도 익으면 새우젓으로 간을 맞춘다.

6 불을 끄고 참기름, 깨소금, 실고추를 넣고 버무려 접시에 담는다.

돼지고기편육 Boiled Pork Slices

재료 및 분량

재료	분량
돼지고기	400g
양념	
물	4컵
된장	1큰술
대파	1대
통마늘	3쪽
생강	5g
통후추	5알
새우젓장	
새우젓	2큰술
물	2큰술
다진 파	1큰술

조리 방법

1 돼지고기는 찬물에 30여 분 담가 핏물을 뺀다.

2 적량의 물에 된장을 풀고 파 등의 양념을 통으로 넣고 물이 끓으면 고기를 넣는다.

3 돼지고기가 속까지 익으면 건져 내어 찬물에 씻고 고기는 면포로 싸서 눌러 놓는다.

4 새우젓에 파를 넣어 새우젓장을 만든다.

5 (3)의 고기는 4×3×0.6cm 크기로 썰어 새우젓장을 곁들인다.

어채 Blanched Fish and Vegetable Salad

재료 및 분량

재료	분량
민어살	200g
홍고추	1개
오이	1/2개
표고버섯	2장
석이버섯	2장
달걀	1개
녹말가루	1/3컵
잣	1작은술
초고추장(2큰술)	
고추장	1큰술
식초	1큰술
설탕	2작은술
생강즙	1/4작은술
레몬즙	1큰술

조리 방법

1 민어를 약 0.7㎝정도로 도톰하게 포를 떠서 6×1cm 크기로 썰어 소금과 후춧가루를 뿌린다.

2 홍고추, 오이, 표고버섯은 손질하여 4×1×0.5cm로 썰어 놓는다.

3 석이버섯은 따뜻한 물에 불려 비벼 씻어 뒷면의 이끼와 돌을 따내고 큰 것은 떼어 놓는다.

4 달걀을 풀어 황백지단을 도톰하게 부쳐 다홍고추와 같은 크기로 썬다.

5 (1)~)3)의 재료에 녹말가루를 묻혀 녹말가루가 수분을 완전히 흡수하도록 둔다.

6 끓는 물에 (5)의 생선을 먼저 넣고 생선이 뜨면 건져 찬물에 헹구어 식히고 나머지 재료도 같은 방법으로 2~3회 끓는 물에 튀해 낸다.

7 접시에 어채를 돌려 담고 오색의 고명을 색색이 맞추어 얹은 후 가운데 잣을 올린다.

8 초고추장을 곁들인다.

오이숙장아찌 Sautéed Cucumber in Say Sauce

재료 및 분량

재료	분량
오이	1개
쇠고기(우둔)	30g
표고버섯	1개
소금	1작은술
식용유	1/8작은술
양념장	
간장	1작은술
설탕	1/2작은술
다진 파	1/2작은술
다진 마늘	1/8작은술
깨소금	1/8작은술
참기름	1/8작은술
후춧가루	약간

조리 방법

1 오이를 5×0.5×0.5cm 정도의 크기로 썰어 소금에 절인 후 면포에 싸서 물기를 짠다.

2 불린 표고버섯과 쇠고기는 4×0.3×0.3cm로 썰어 갖은 양념한다.

3 팬에 기름을 두르고 오이를 볶다가 표고버섯, 쇠고기를 넣어 각각 볶아 낸 후 모두 섞은 다음 실고추, 깨소금, 참기름을 넣어 버무린다.

김부각 Fried Laver Coated Glutinous Rice Flour

재료 및 분량

재료	분량
김	20장
찹쌀가루	1컵
물	2컵
소금	1½작은술
볶은 통깨	1작은술

조리 방법

1 부각용으로 적합한 두껍고 좋은 김을 선별한다.

2 찹쌀가루에 물을 넣고 소금 양념을 하여 끓여 찹쌀풀을 만든다.

3 김 위에 찹쌀풀을 칠해서 김 한 장 맞붙친 후 다시 김 위에 풀칠을 하고 고명으로 통깨를 뿌려 놓는다.

4 채반 위에 김을 올려서 바람이 잘 통하는 곳에서 말린다.

5 (4)가 꾸덕꾸덕 마르면 고르게 손질하여 바싹 말려서 열이 오른 기름에 튀겨낸다.

김장아찌 Braised Laver in Soy Sauce

재료 및 분량

재료	분량
김	30장
실파	2줄기
참기름	1/8작은술
조림 양념	
간장	1/2컵
물	1컵
설탕	4큰술
마늘	3톨
생강	3g
대파	1/2뿌리

조리 방법

1 김은 잡티를 골라내소 4등분한다.

2 파는 송송 썬다.

3 냄비에 간장 등의 양념을 통으로 넣고 한소끔 끓인 다음 체에 밭치고 식힌다.

4 (1)의 김을 그릇에 담고 (3)의 끓인 국물을 붓는다.

5 3일이 지나면 뒤집어 준다. 이때 간장물이 덜 흡수되어 김이 촉촉하지 않으면 다시 간장물을 끓여서 식힌 것을 붓는다.

6 필요한 분량만큼만 꺼내어 실파와 참기름을 뿌려서 낸다.

*간장만 넣으면 너무 짜므로 물을 넣어서 염도와 맛을 조절해야 한다.

조개젓무침 Seasoned Salt Fermented Little Neck Clam

재료 및 분량

재료	분량
조개젓	100g
양념	
풋고추	1개
홍고추	1개
마늘	2쪽
생강	5g
통깨	1/2작은술
설탕	1작은술
식초	1작은술
참기름	1/2작은술

조리 방법

1 풋고추와 홍고추를 송송썬다.

2 마늘, 생강을 곱게 다진다.

3 준비된 조개젓과 (1), (2)의 재료와 나머지 양념을 넣고 잘 버무린다.

창란젓무침 Seasoned Salt Fermented Viscera of Pollack

재료 및 분량

재료	분량
창란젓	100g
양념	
고운 고춧가루	1큰술
풋고추	1개
실파	10g
다진 마늘	1/2큰술
깨소금	1작은술
설탕	1작은술
참기름	1/2작은술

조리 방법

1 절인 창란을 곱게 썰어 물에 깨끗이 씻어 물기를 꼭 뺀다.

2 창란에 고운 고춧가루를 넣어 버무려 놓는다.

3 파와 풋고추는 송송 썰고, 다진 마늘 · 깨소금 · 설탕 · 참기름을 넣고 버무린다.

부록 1. 한국음식 식품재료 영어명

1) Cereals(곡류)

번호	식재료명	영어명	번호	식재료명	영어명
1	귀리	oats	10	쌀	rice
2	기장	prosomillet	11	옥수수	corn/maize
3	메밀	buckwheat	12	조	foxtail millet
4	메밀묵	buckwheat starch jelly	13	찹쌀	glutinous rice
5	밀	wheat	14	피	barnyard millet
6	백미	well polished rice/ polished rice	15	햅쌀	new season's rice
7	보리	barley	16	현미	brown rice/ unpolished rice
8	납작보리	crushed barley/ parched barley	17	호밀	rye
9	수수	sorghum			

2) Potatoes and Straches(감자류 및 전분류)

번호	식재료명	영어명	번호	식재료명	영어명
1	감자	potato	4	마	yam
2	고구마	sweet potato	5	토란	taro
3	당면	starch vermicelli(noodle)			

3) Pulses(두류)

번호	식재료명	영어명	번호	식재료명	영어명
1	강낭콩	kidney bean	8	콩비지	soybean curd lees
2	녹두	mungbean	9	검정콩	black bean
3	녹말	mungbean starch	10	완두	pea
4	청포묵	mungbean starch curd	11	서리태	seoritae
5	콩	soybean	12	흑태	heuktae
6	두부	soybean curd	13	팥	small red bean
7	순두부	soft soybean curd	14	계피팥	grey bean

4) Nuts and Seeds(견과류 및 종실류)

번호	식재료명	영어명	번호	식재료명	영어명
1	밤	chestnut	6	도토리묵	acorn starch jelly
2	은행	ginkgo nut	7	참깨	sesame seed
3	잣	pine nut	8	들깨	perilla seed
4	호두	walnut	9	땅콩	peanut
5	도토리	acorn			

5) Vegetables(채소류)

번호	식재료명	영어명	번호	식재료명	영어명
1	가지	eggplant/aubergine	28	숙주나물	mungbean sprouts
2	갓	Indian mustard	29	시금치	spinach
3	고비	royal fern	30	실파	young welsh onion
4	고사리	bracken/young shoots	31	쑥	mugwort
5	근대	chard	32	쑥갓	crown daisy
6	긴호박	zucchini	33	씀바귀	sowthistle
7	깻잎	perilla leaves	34	아욱	marsh mallow
8	꽈리고추	green young pepper	35	애호박	young pumpkin
9	냉이	shepherd's purse	36	양배추	cabbage
10	단무지	salted radish in rice bran	37	양파	onion
11	달래	small wild onion	38	연근	lotus root
12	당근	carrot	39	열무	young leafy radish
13	당파	medium green onion	40	오이	cucumber
14	대파	welsh onion	41	우엉	burdock
15	더덕	duduck/codonopsis ianceolata	42	움파	winter scallion
16	도라지	balloom root	43	원추리	day lily/young shoots
17	돌나물	sedum	44	죽순	bamboo shoots
18	마늘	garlic	45	쪽파	wakegi
19	머위(대)	butterbur(stalks)	46	참죽	young shoots of Chinese mahogany
20	무	radish	47	참취	young leaves of a kind of aster
21	물쑥	artemisia selengensis	48	콩나물	soybean sprouts
22	미나리	water dropwort	49	토란대	taro stalks
23	배추	chinese cabbage	50	파프리카 (착색단고추)	paprika
24	부추	Chinese chive	51	풋고추	green pepper
25	비비추	hosta, young shoots	52	풋마늘	green garlic
26	산쑥	mountain mugwort	53	피망	sweet pepper
27	상추	lettuce	54	호박	pumpkin

6) Mushrooms(버섯류)

번호	식재료명	영어명	번호	식재료명	영어명
1	느타리버섯	oyster mushroom	5	송이버섯	pine mushroom
2	능이버섯	Neungibusut (Sarcodon aspratus)	6	양송이버섯	cultivated button mushroom
3	목이버섯	ear mushroom	7	팽이버섯	winter mushroom
4	석이버섯	manna lichen	8	표고버섯	oak mushroom

7) Fruits(과일류)

번호	식재료명	영어명	번호	식재료명	영어명
1	감	persimon	11	복숭아	peach
2	곶감	dried persimon	12	사과	apple
3	연시	soft persimon	13	살구	apricot
4	귤	mandarin orange	14	석류	pomegranate
5	대추	jujube	15	수박	water melon
6	딸기	strawberry	16	오렌지	orange
7	매실	Japanese apricot	17	유자	citron
8	모과	Chinese quince	18	자두	plum
9	무화과	fig	19	참외	oriental melon
10	배	pear	20	포도	grape

8) Meats(육류)

번호	식재료명	영어명	번호	식재료명	영어명
1	간	liver	5	쇠고기	beef
2	갈비	ribs	6	양고기	lamb, mutton or goat
3	닭고기	chicken, fowl	7	천엽	triipe
4	돼지고기	pork	8	콩팥	kidney

9) Fishes and shellfishes(어패류)

번호	식재료명	영어명	번호	식재료명	영어명
1	가자미	sole	26	뱅어	icefish
2	갈치	cutlassfish	27	병어	butterfish
3	갑오징어	cuttle fish	28	복어	globfish
4	게	crab	29	북어	dried pollack
5	고등어	mackerel	30	붕어	crucian carp
6	광어	Korean halibut	31	삼치	bonito
7	굴	oyster	32	새우	shrimp
8	꼴뚜기	beka squid	33	서대기	tonguefish
9	꽁치	mackerel pike	34	숭어	grey mullet
10	낙지	small octopus	35	연어	salmon
11	넙치	halibut	36	오징어	squid
12	농어	Japaness sea bass	37	은어	sweetfish
13	대구	cod	38	임연수어	sculpin
14	대합	clam	39	잉어	carp
15	도루묵	sandfish	40	장어	eel
16	도미	porgy	41	전복	abalone
17	메로	mero	42	정어리	sardine
18	멸치	anchovy	43	조기	yellow croaker
19	명란	roe of pollack	44	주꾸미	webfoot octopus
20	명태	pollack	45	준치	shad
21	문어	octopus	46	창란	viscera of pollack
22	미꾸라지	loach	47	청어	herring
23	민어	croaker	48	패주	scallop
24	바지락	little neck clam	49	해삼	sea cucumber
25	방어	horse mackerel	50	홍합	mussel

10) Seaweeds(해조류)

번호	식재료명	영어명	번호	식재료명	영어명
1	김	laver	5	미역	sea mustard
2	녹미채	spindle-shaped bladder leaf	6	청각	sponge seaweed
3	다시마	sea tangle	7	톳	brown algae
4	모자반	gulfweed	8	파래	green laver

11) Oils and Fats(유지류)

번호	식재료명	영어명	번호	식재료명	영어명
1	낙화생유	peanut oil	5	옥수수기름	corn oil
2	들기름	perilla seed oil	6	참기름	sesame oil
3	면실유	cotton seed oil	7	채종유	rape seed oil
4	미강유	rice bran oil	8	콩기름	soybean oil

12) Seasonings(조미료류)

번호	식재료명	영어명	번호	식재료명	영어명
1	간장	soy sauce	12	소금	salt
2	겨자	mustard	13	고운소금	fine salt
3	계핏가루	cinnamon powder	14	식탁염	table salt
4	고추장	red pepper paste	15	호렴	rough salt
5	고춧가루	red pepper powder	16	식초	vinegar
6	실고추	red pepper threads	17	감식초	persimon vinegar
7	깨소금	tossed sesame	18	사과식초	apple vinegar
8	꿀	honey	19	현미식초	brown rice vinegar
9	된장	soybean paste	20	참깨	sesame seeds
10	생강	ginger	21	참기름	sesame oil
11	설탕	sugar	22	청주	rice wine/sake

부록 2. 한국음식 조리방법별 분류

*괄호 안의 숫자는 각 음식의 재료 및 분량과 조리방법이 책 속에 소개된 페이지

1) 밥죽류

밥류	흰밥(27) 비빔밥 찰밥(88) 오곡밥(88) 완두콩밥(22)	죽류	홍합죽(9) 채소진미죽(12) 잣죽(13) 녹두죽(14) 전복죽(14) 검은깨죽(15)

2) 면·만둣국류

면류	편수(178) 냉면(156)	만둣국류	만둣국(56)

3) 탕·찌개·전골류

탕류	조랭이떡국(159) 곰탕(27) 어알탕(200) 대합탕(201) 북엇국(23) 임자수탕(73) 무맑은장국(150) 육개장(173) 모시조개탕(97) 냉콩국(89) 삼계탕(172) 신선로(182) 미역홍합국(199)	찌개· 전골류	콩비지찌개(202) 게감정(203) 두부전골(153) 명란젓국찌개(9)

4) 찜·선류

찜류	갈비찜 대하찜(98) 우설찜(74) 돈족찜(176)	선류	오이선(81) 가지선(207) 어선(105) 삼계선(87)

5) 생채 · 숙채(무침)류

구분	음식	구분	음식
생채류	인삼냉채(89) 수삼채(95) 우무묵무침(154) 채소냉채(157) 무생채(157) 호박나물(217) 무나물(147) 더덕생채(151) 미나리나물(216) 취나물(216) 겨자채(100) 탕평채 도라지생채(213) 닭냉채(55) 양송이피망볶음(76) 표고버섯볶음(78) 어채(218)	숙채 (무침)류	구절판(179) 잡채(163) 죽순잡채(82) 해물잡채(87) 밀쌈 삼색밀쌈(96) 느타리버섯나물(211) 숙주채(212) 깨즙채(184) 해물잣즙채(83) 도라지나물(146) 참나물(28) 머위나물(161) 청포묵무침(150) 해물겨자냉채(59) 샐러리볶음(77)

6) 구이 · 적류

구분	음식	구분	음식
구이류	제육구이(206) 갈비구이(149) 더덕구이(204) 메로구이(205) 뱅어포양념구이(23) 조기구이(162) 닭양념구이(86) 대합구이(102) 떡갈비구이(174)	적류	패주산적(104) 느타리버섯산적(80) 섭산적(25) 사슬적(10) 등심꼬치(109)

7) 전 · 튀김류

구분	음식	구분	음식
전류	피망전(84) 육원전(214) 채소전(214) 모듬전(19) 생선전(19) 연근전(19) 브로콜리전(19) 해삼전(19) 감자전(19) 녹두전(177)	전류	섭산삼(107) 표고전(147) 패주전(54) 부추전(208) 지짐누룩적(209) 새우살애호박전(210) 애호박전(159) 콩전(60) 파전(175)
		튀김류	호두튀김(108)

8) 조림 · 초 · 볶음류

구분	음식	구분	음식
조림류	닭고기조림(79) 소고기두부조림(61)	볶음류	가지볶음(24) 오징어볶음(106) 돼지고기사태조림(58)
초류	쇠고기채소말이(101) 무말이강회(53)		

9) 회 · 편육류

구분	음식	구분	음식
회류	생선회	편육류	사태편육(75) 돼지고기편육(217) 색편육(99)

10) 장아찌 · 밑반찬류

구분	음식	구분	음식
장아찌류	오이간장장아찌(85) 오이숙장아찌(218) 김장아찌(219)	밑반찬류	매듭자반(10) 미역자반(17) 양송이버섯장과(28) 삼합장과(215) 멸치볶음(162) 연근조림(215) 장조림(11) 다시마조림(18)
밑반찬류	어리굴젓(146) 김부각(219) 조개젓무침(220) 창란젓무침(220) 북어보푸라기(10)		

11) 김치류

구분	음식
김치류	봄동겉절이(90) 나박김치(11) 열무김치(24) 깍두기(29) 오이소박이(181) 보쌈김치(180)

12) 떡·한과·화채류

분류	품목	분류	품목
떡류	콩찰편(117) 약편(118) 잡과병(119) 약식(120) 송편(121) 오색경단(124) 쑥굴리(125) 삼색편(각색편)(122)	한과류	우엉정과(129) 과편(130) 증편(135) 각색정과(134) 삼색단자(136) 원소병(131) 진달래화전(134)
한과류	화전(126) 색단자(123) 약과(127) 다식(128)	한과류	배숙(133) 배화채(132) 유자화채(137) 진달래화채(137)

참고문헌 REFERENCE

강인회, 한국의 맛, 대한교과서주식회사, 1998

강인회, 한국의 떡과 과줄, 대한교과서주식회사, 1997

강인회 외, 한국의 상차림, 효일문화사, 1999

김기영, 추상용, 연회기획관리실무론, 가산출판사, 2001

신미혜, 엄마도 모르는 양념공식 요리법, 세종서적, 1996

정문숙, 신미혜, 생활조리, 신광출판사, 2000

박란숙, 한국조리실습, 광문각, 2000

홍진숙, 한국전통음식, 예문사, 1997

홍진숙 외, 기초한국음식, 교문사, 2011

한식재단 한식세계화 포털 www.hansik.org

찾아보기 INDEX

ㅈ

ㅊ

ㅋ

ㅌ

저자소개

홍진숙	(전)세종대학교 관광대학 조리외식산업학과 교수
박혜원	신흥대학교 호텔조리과 교수
박란숙	숭의여자대학교 식품영양과 교수
명춘옥	오산대학교 호텔조리계열 교수
신미혜	을지대학교 식품산업외식학과 교수
최은정	신흥대학교 호텔조리과 겸임교수
윤옥현	김천대학교 식품영양과 교수
윤재영	안산대학교 식품영양과 교수
신은채	양산대학교 호텔외식조리계열 교수
정혜정	국제한식조리학교 교장
신언탁	한국의 집 조리팀 근무. 연성대학교 호텔조리과 출강

2판
고급한국음식

2012년 9월 5일 2판 발행 | 2017년 1월 26일 2판 3쇄 발행

지은이 홍진숙 외 | **펴낸이** 류제동 | **펴낸곳** **교문사**

편집부장 모은영 | **제작** 김선형 | **홍보** 김미선 | **영업** 이진석·정용섭·진경민
출력 현대미디어 | **인쇄** 동화인쇄 | **제본** 한진제본

주소 (10881)경기도 파주시 문발로 116 | **전화** 031-955-6111 | **팩스** 031-955-0955
홈페이지 www.gyomoon.com | **E-mail** genie@gyomoon.com
등록 1960. 10. 28. 제406-2006-000035호
ISBN 978-89-363-1309-8(93590) | 값 22,000원